Miteinander sprechen

AF155124

BEATE GLÖSER

AUF DEN
PUNKT
GEBRACHT

Miteinander sprechen

GELINGENDE GESPRÄCHE IN DER KITA

HERDER

FREIBURG · BASEL · WIEN

Q Merksatz

⇄ Reflexion

◉ Kasten Allgemein

MIX
Paper from
responsible sources
FSC
www.fsc.org
FSC® C010798

© Verlag Herder GmbH, Freiburg im Breisgau 2019
Alle Rechte vorbehalten
www.herder.de

Covermotiv: © Steshenko Dmitry / Fotolia
Umschlaggestaltung: Uwe Stohrer, Freiburg
Layout, Satz und Gestaltung: Sabine Ufer, Leipzig

Herstellung: Graspo CZ, Zlín
Printed in the Czech Republic

ISBN (Print) 978-3-451-38081-5
ISBN E-Book (PDF) 978-3-451-81610-9

Inhalt

1 Einführung: Warum Kommunikation in der Kita so bedeutsam ist

Als pädagogische Fachkraft erleben Sie täglich die Bedeutung von Gesprächen: Das Miteinandersprechen hat bei der Arbeit in der Kita einen hohen Stellenwert. Sie stehen in Kontakt mit den Kindern, den Eltern, den Teamkolleginnen und -kollegen, der Leitung und führen Gespräche, die unter anderem als Grundlage für die pädagogische Planung dienen. Vom Tür-und-Angelgespräch über Entwicklungs- und Beratungsgespräche bis hin zu Konfliktgesprächen mit Eltern oder im Team reicht die Spannbereite. Darüber hinaus kommunizieren Sie mit unterschiedlichen Kooperationspartnern wie der Grundschule, Frühförderstelle, aber auch dem Träger.

Kommunikation bedeutet, sich anderen Menschen mitzuteilen und sie zu verstehen. Es geht darum, Beziehungen zwischen den unterschiedlichen Akteuren in der Kita aufzubauen und zu pflegen – eine wichtige Grundlage für die pädagogische Arbeit.

Gelingende Gespräche sind wesentlicher Bestandteil einer guten Beziehung zu den Kindern und Eltern, tragen zu einer gelebten Erziehungspartnerschaft bei und unterstützen die Zusammenarbeit im Team, mit der Leitung und dem Träger. Gute Kommunikation trägt so zu einer hohen pädagogischen Qualität bei.

Bitte überlegen Sie:
- Wie schätzen Sie die Bedeutung von Gesprächen für Ihre Arbeit ein?
- Welche Gespräche fallen Ihnen leicht? Wo wünschen Sie sich Unterstützung?

Gute Gesprächsführung ist eine der Kernkompetenzen von pädagogischen Fachkräften. Ein gelingendes Gespräch zu führen stellt eine Herausforderung dar: Als pädagogische Fachkraft haben Sie nicht nur unterschiedliche Gesprächspartner, mit denen Sie regelmäßig in Kontakt stehen, sondern auch unterschiedliche Anlässe für Gespräche.

In der Kita findet regelmäßig der Austausch über die Kinder statt, um deren Entwicklung zu besprechen und Unterstützungsmöglichkeiten in der Einrichtung und zuhause aufzuzeigen.

 ## GESPRÄCHSANLÄSSE MIT DEN ELTERN

- Entwicklungsgespräch

- Tür-und-Angelgespräch

- Informationsgespräch

- Elternabend

- Konfliktgespräch

- Anmeldegespräch

- Eingewöhnungsgespräch

- Abmeldegespräch

- Hospitationen

- Beratungsgespräch

- Gespräch vor der Aufnahme in die Schule

- …

Um den Herausforderungen des pädagogischen Alltags gerecht zu werden, ist ein vertrauensvolles Miteinander im Team ausschlaggebend. Weil hier sehr eng zusammengearbeitet wird und der Austausch untereinander intensiv ist, sind gute Gesprächskompetenzen äußerst hilfreich. Die Kinder werden es merken, wenn die pädagogischen Fachkräfte an einem Strang ziehen.

GESPRÄCHSANLÄSSE IM TEAM

- Teamsitzung

- Arbeit an der Konzeption

- Mitarbeitergespräch

- Zielvereinbarungsgespräch

- Konfliktgespräch

- Informationsgespräch

- Fallgespräch

- Planung der pädagogischen Arbeit

- Reflexionsgespräch

- Inhouse-Fortbildung

- ...

Welches Gesprächsklima in der Kita vorherrscht ist auch für Außenstehende schnell spürbar und beeinflusst maßgeblich den Kontakt mit der Einrichtung:

> Kennen Sie das? Sie kommen zum ersten Mal in eine Kita (z. B. bei Hospitationen) und haben das Gefühl, dass irgendetwas nicht stimmt. Sie können nicht genau beschreiben, was es ist, aber Sie fühlen sich nicht wohl. Und es gibt andere Einrichtungen, in denen Sie sofort eine warme Atmosphäre umgibt, sodass Sie sich willkommen fühlen. Wie entsteht dieses Wohlfühl-Klima? Wie wird dort miteinander kommuniziert?

In diesem Buch finden Sie Praxisbeispiele, Übungen für sich allein und im Team sowie Reflexionsfragen, die Ihnen helfen, ein Wohlfühl-Klima in der Kita zu schaffen. Durch Ausprobieren werden Sie Schritt für Schritt in dem Bereich der wertschätzenden Kommunikation und Gesprächsführung immer sicherer.

2 Sprache und andere Formen der Kommunikation

Immer, wenn Menschen zusammenkommen, findet Kommunikation statt – und das geschieht in der Kita in den verschiedensten Situationen den ganzen Tag über. Kommunikation meint die Verständigung und den Austausch mit einem Gegenüber, das Senden und Empfangen von Botschaften – ob verbal oder nonverbal. Der Kommunikationsforscher Paul Watzlawick hat es auf den Punkt gebracht: „Man kann nicht nicht kommunizieren" (2017, S. 10).

„Miteinander sprechen" ist die verbale Form der Kommunikation, die von nonverbalen Signalen begleitet, unterstützt und geprägt wird. In der Kommunikation tauschen Sie Informationen aus, um sich zu verständigen und etwas von Ihrem Gegenüber zu erfahren.

Die Art und Weise, wie Sie kommunizieren, beeinflusst die Qualität Ihrer Beziehungen.

Menschen, die sich von Ihnen verstanden fühlen, zeigen mehr Bereitschaft, sich zu öffnen und auf eine Beziehung einzulassen. Je klarer und für andere verständlicher Sie kommunizieren, umso besser lernt Ihr Gesprächspartner die Art und Weise kennen, wie Sie denken, und kann Sie besser einschätzen. Das wiederum führt zu Sicherheit und Vertrauen zwischen Ihnen.

Erinnern Sie sich an ein Gespräch, in dem Sie sich sehr wohlgefühlt haben?
- Wie ist Ihnen die andere Person begegnet?
- Was hat sie gesagt?
- Wie hat sie sich verhalten?

Kommunikation stellt eine Verbindung zwischen Menschen her und klingt in der Theorie zunächst ganz einfach: das Senden und Empfangen von Botschaften. In der Praxis dagegen haben Sie sicherlich selbst schon einige Situationen erlebt, in denen durch unklare Kommunikation Missverständnisse, Konflikte, Unstimmigkeiten und Spannungen entstanden sind. Nicht jedes Gespräch verläuft zufriedenstellend, und nicht jedes Gespräch trägt zum Verständnis bei.

Die Art und Weise, wie Sie kommunizieren, hat Einfluss darauf, ob ein Gespräch erfolgreich oder weniger erfolgreich verläuft. Missverständnisse können durch gekonnte Kommunikation vermindert, wenn auch nicht komplett verhindert werden.

Erinnern Sie sich an ein für Sie unbefriedigend verlaufenes Gespräch?
- Wie haben Sie sich gefühlt?
- Was hat zu Ihrer Unzufriedenheit geführt?
- Wie, glauben Sie, hat sich Ihr Gesprächspartner gefühlt?

2.1 NACHRICHTEN SENDEN UND EMPFANGEN

Die Sprache ist für uns Menschen ein elementares Verständigungsmittel: Wir teilen uns mit, setzen uns auseinander, finden Klärungen etc. In der Kita gibt es unzählige Botschaften, die Sie an die Eltern, an Ihre Kolleginnen und Kollegen, die Kinder weitergegeben – und umgekehrt.

In Gesprächen gibt es immer einen Sender, der etwas mitteilen möchte, und einen Empfänger, an den diese Mitteilung gerichtet wird. Die gesamte Mitteilung mit verbalen und nonverbalen Anteilen wird nach dem Kommunikationsmodell von Schulz von Thun (1997) als Nachricht definiert.

Die Mitteilung des Senders wird in Sprache codiert und so zu einer Nachricht, die dann an den Empfänger geht. Der Empfänger entschlüsselt diese Nachricht, und im besten Fall stimmen die entschlüsselte Nachricht und die vom Sender beabsichtigte Nachricht überein.

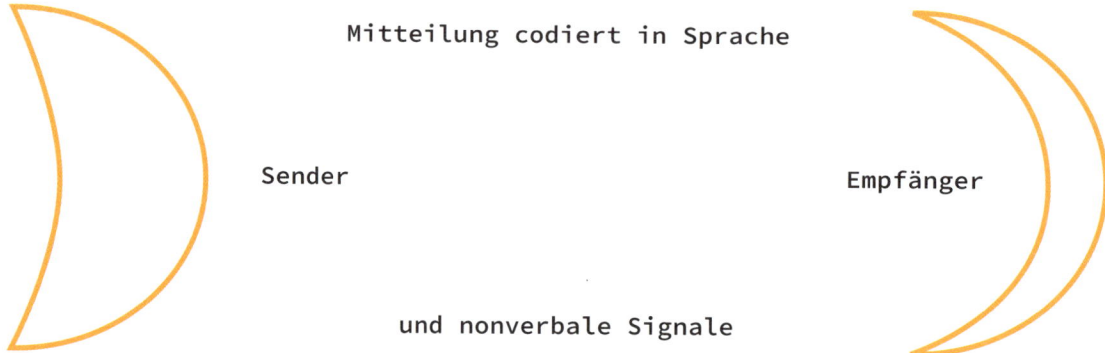

Nachrichten werden immer vom Sender verschlüsselt und vom Empfänger entschlüsselt – das ist der Grundsatz der Kommunikation und macht sie einerseits störanfällig und andererseits besonders (Watzlawick 2017).

PRAXISBEISPIEL

Die Erzieherin, Frau Schmitz, ist mit dem Vater eines Kindes im Gespräch. Er schildert ihr, dass er sich Sorgen darüber macht, ob seine Tochter in der Kita genügend Kontakte zu anderen Kindern und Freude am Spielen hat.

Frau Schmitz kann seine Worte, seinen Gesichtsausdruck, wie er sich bewegt etc. wahrnehmen und hören, in welcher Tonlage und Lautstärke der Vater spricht. Das alles ist von außen beobachtbar und zählt zum Verhalten. Dennoch: Auch wenn der Vater sich sehr bemüht, seine Botschaft zu vermitteln und sein Befinden auszudrücken, kann die Erzieherin sich im besten Fall an sein subjektives Empfinden stark annähern. Wenn sie ihre Aufmerksamkeit ganz dem Vater widmet, wird Frau Schmitz zwar eine lebendige Vorstellung davon entwickeln, ohne dabei aber genau das zu empfinden, was der Vater des Kindes fühlt.

Das Praxisbeispiel zeigt, dass Worte ein Bild davon vermitteln, was der andere erlebt und fühlt. Vergleichbar mit dem, wie eine Fotografie ein Bild von der Wirklichkeit vermittelt und nicht die Wirklichkeit selbst abbildet. Das, was wir von unserem Gesprächspartner hören, zeigt uns einen Ausschnitt seiner Wirklichkeit. Diese Wiedergabe ist jedoch unvollständig, denn Worte beschreiben nur das, was der andere uns zu sagen versucht, und geben eben nicht die ganze Wirklichkeit des anderen wieder.

Der Prozess, in dem der Empfänger wiederum zum Sender wird, wird unter dem Begriff Interaktion zusammengefasst – es entsteht ein Gespräch.

 **Die Abfolge von mehreren Nachrichten – das Senden und Empfangen von Botschaften – wird als Interaktion bezeichnet (Watzlawick 2017).**

2.2 VERSCHIEDENE EBENEN DER KOMMUNIKATION

In jeder Nachricht, die gesendet wird, in jedem Gespräch steckt niemals nur eine Information. Nachrichten sind komplex und beinhalten immer verschiedene Ebenen und mehrere Aspekte. Neben der offensichtlichen Information enthält eine Nachricht auch mehr oder weniger versteckte Botschaften.

PRAXISBEISPIEL

Die Erzieherin erzählt der Mutter, die gerade ihren Sohn Max abholt, wie intensiv und schön er heute mit anderen Kindern gespielt hat. Dabei lächelt die Erzieherin und sieht froh aus.

Neben der Information, dass Max heute ganz vertieft in das Spiel mit anderen Kindern war, teilt die Erzieherin auf diese Weise auch mit, dass sie ihn dabei wahrgenommen hat und sich darüber freut. So kann die Information „Max hat intensiv mit anderen gespielt" eine andere Wirkung entfalten.

Die Nachricht gibt die Erzieherin mittels Sprache, also codiert, an die Mutter weiter. Die Mutter empfängt diese Nachricht und entschlüsselt sie. Wie das Praxisbeispiel zeigt, eröffnen Nachrichten einen Spielraum für Interpretationen: Was verstehen jeweils die Erzieherin und die Mutter unter „intensiv und schön spielen"?

Die Frage ist nun: Wie können wir sicherstellen, dass eine Botschaft richtig interpretiert wird? Da Interpretationen auch Raum für Irritationen und Missverständnisse bieten, ist es wichtig, Nachrichten so klar wie möglich zu kommunizieren.

Die Erzieherin sagt: „Ihr Sohn hat heute intensiv und schön mit anderen Kindern in der Puppenecke gespielt. Sie haben Familie gespielt und waren bestimmt eine Stunde beschäftigt. Es war einfach schön, ihnen zuzuschauen." Diese Aussage ist konkreter und lässt weniger Interpretationen zu als die Information im vorhergehenden Beispiel. Und dennoch ist es unmöglich, den ganzen Zeitraum während des Spiels der Kinder in zwei Sätzen wiederzugeben. Der Sender, hier die Erzieherin, trifft immer eine Vorauswahl, welche Informationen für ihn und den Empfänger besonders wichtig erscheinen und gibt diese weiter. Im Idealfall findet Verständigung statt, und die Nachricht wird vom Empfänger so entschlüsselt, wie sie der Sender gemeint hat.

Das Kommunikationsquadrat nach Schulz von Thun

Friedemann Schulz von Thun (1997) macht mit dem Kommunikationsquadrat die verschiedenen Aspekte der Kommunikation deutlich. Nach diesem Modell besteht jede Nachricht aus den folgenden vier Ebenen:
- Sachinhalt (Worüber ich informiere)
- Selbstoffenbarung (Was ich von mir selbst kundgebe)
- Beziehung (Was ich von dir halte und wie wir zueinander stehen)
- Appel (Wozu ich dich veranlassen möchte)

Die vier Seiten (Aspekte) einer Nachricht – ein psychologisches Modell der zwischenmenschlichen Kommunikation:

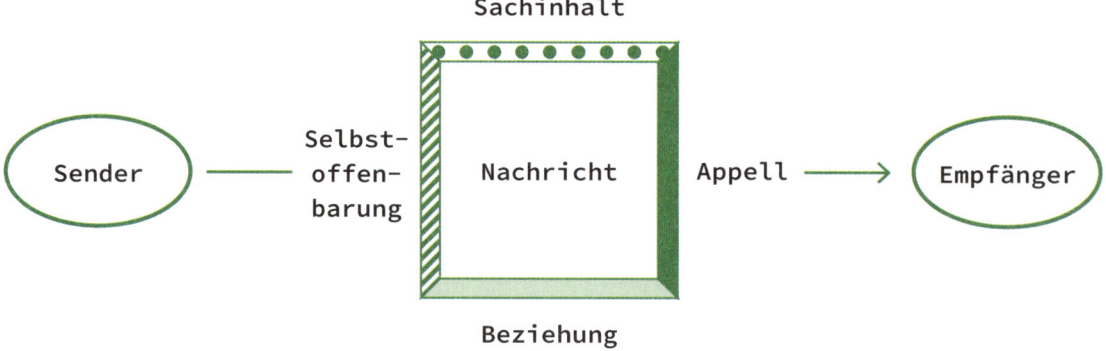

Quelle: Schulz von Thun 1997, S. 30

Abhängig von der Gesprächssituation und dem kommunikativen Zusammenhang können einzelne Ebenen im Vorder- oder Hintergrund stehen. Das Modell kann helfen, Kommunikation und ihre Anfälligkeit für Störungen besser zu verstehen und die eigenen kommunikativen Kompetenzen weiterzuentwickeln.

Da jede Nachricht viele Botschaften enthält, kommt es in der zwischenmenschlichen Kommunikation häufig zu Störungen und Missverständnissen. Das geschieht, wenn die entschlüsselte Botschaft nicht mit dem übereinstimmt, was der Sender gemeint hat. Zudem wird die Interaktion durch die eigene Kommunikationsbiografie geprägt. Für manche ist es leichter, Sachinformationen zu formulieren, andere sind in vielen Gesprächen schnell auf der Beziehungsebene, auch wenn sie eine Sachinformation mitteilen. Auch das ist Teil von Kommunikation. Wichtig und positiv für ein Gespräch ist es jedoch, keine Ebene komplett auszublenden.

Ein typisches Beispiel aus der Kita soll die unterschiedlichen Botschaften veranschaulichen, die vom Sender ausgehen können:

PRAXISBEISPIEL

Vier Ebenen einer Nachricht auf der Senderseite

Der Erzieher sagt zu einem Vater:
„Morgen ist wieder unser Waldtag, wir gehen um 8 Uhr los."

1. Sachinhalt
Morgen ist der Waldtag, und um 8 Uhr macht sich die Gruppe auf den Weg.

2. Selbstoffenbarung
Jede Nachricht enthält darüber hinaus Informationen über die Person des Senders. In unserem Beispiel erfährt der Vater vielleicht, dass der Erzieher großen Wert auf den Waldtag legt. Je nachdem, wie er den Satz sagt, bekommt der Vater auch mit, wie es dem Erzieher damit geht, die Eltern daran zu erinnern. Vielleicht steckt in dieser Nachricht auch der Hinweis, dass der Erzieher großen Wert auf Pünktlichkeit legt und um Punkt 8 Uhr mit der Gruppe losgehen möchte.

3. Beziehung
Diese Ebene wird vor allem aus der Art und Weise, wie die Nachricht gesagt wird, deutlich. Dazu zählen die gewählte Formulierung, aber auch der Tonfall, die Lautstärke und die begleitende Mimik und Gestik beim Übermitteln der Nachricht.

In unserem Beispiel könnte der Erzieher dem Vater durch das Aussprechen der Nachricht versteckt mitteilen, dass er ihm nicht zutraut, von alleine an den regelmäßigen

Waldtag zu denken. Der Beziehungsaspekt hat immer etwas mit der Selbstoffenbarung zu tun, zum Beispiel: Ich traue dir nicht zu, dass du pünktlich bist.

Schulz von Thun differenziert hier weiter, indem er der Selbstoffenbarungsseite vor allem Ich-Botschaften des Senders zuordnet (Ich lege großen Wert auf Pünktlichkeit), während auf der Beziehungsseite in aller Regel sowohl Du-Botschaften als auch Wir-Botschaften vorkommen (Du schaffst es nicht, alleine dranzudenken).

4. Appell

Fast alle Nachrichten haben die Funktion, auf den Empfänger in irgendeiner Form Einfluss zu nehmen. In unserem Beispiel möchte der Erzieher vielleicht erreichen, dass der Vater morgen sein Kind für den Wald richtig ausstattet (genug Vesper, wetterfeste Kleidung etc.) und pünktlich bringt. Das könnte der Appell-Aspekt der Nachricht sein.

Hören mit unterschiedlichen Ohren

Die unterschiedlichen Ebenen einer Nachricht werden von Schulz von Thun (1997) auch auf der Empfängerseite dargestellt. Je nachdem, mit welchem Ohr der Empfänger die Nachricht hört, entschlüsselt er die Nachricht auf unterschiedliche Art und Weise. Und somit wird er auch unterschiedlich darauf reagieren.

Quelle: Schulz von Thun 1997, S. 45

Vier Ebenen einer Nachricht auf der Empfängerseite

Der Vater hört die Nachricht „Morgen ist wieder unser Waldtag, wir gehen um 8 Uhr los". Auf den folgenden vier Ebenen kann er auf die Nachricht unterschiedlich reagieren:

1. Sachebene

„Danke für die Information." Der Vater nimmt zur Kenntnis, dass morgen Waldtag ist und bedankt sich bei dem Erzieher.

2. Selbstoffenbarung

„Sie wollen sicherstellen, dass morgen alle pünktlich sind und Sie rechtzeitig in den Wald kommen, richtig?" Hier hat der Vater angenommen, dass es dem Erzieher wichtig ist, auf Pünktlichkeit hinzuweisen.

3. Beziehung

„Ich weiß, dass morgen der Waldtag ist. Glauben Sie, ich kann es mir nicht merken?" Hier hat der Vater angenommen, dass der Erzieher ihm nicht zutraut, selbst daran zu denken.

4. Appel

„Ich bin morgen um 8 Uhr spätestens da, und die Matschhose habe ich auch dabei." Der Vater hört die Aufforderung, morgen pünktlich um 8 Uhr in der Kita zu sein und die entsprechende Kleidung für sein Kind vorzubereiten.

ÜBUNG

Eine Mutter wendet sich an Sie, als sie ihr Kind in den Kindergarten bringt, und sagt: „Paul ist gestern mit einem blauen Fleck am Arm nach Hause gekommen."
- Welche vier Seiten der Nachricht verbergen sich hinter dieser Aussage und mit welchem Ohr entschlüsseln Sie spontan die Nachricht?
- Wie können Sie die Nachricht mit allen „vier Ohren" entschlüsseln, und wie sehen dann Ihre jeweiligen Antworten aus?

Denken Sie an ein vor kurzem geführtes Gespräch mit einer Mutter, Kollegin oder einem Kooperationspartner. Erinnern Sie sich bitte an eine Aussage, die Ihr Gesprächspartner geäußert hat, und analysieren Sie die Nachricht unter folgenden Aspekten:
- Welche vier Seiten der Nachricht könnten in der Aussage des Senders stecken?
- Wie kann die Nachricht auf allen „vier Ohren" entschlüsselt werden, und wie sehen die entsprechenden Antworten aus?

Aussage Sender	
Sachinhalt	
Selbstoffenbarung	
Beziehung	
Appell	

Empfänger hört mit 4 Ohren	
Sachinhalt	
Selbstoffenbarung	
Beziehung	
Appell	

Nachrichten werden oft dann falsch entschlüsselt, wenn verschiedene Ebenen der Kommunikation vermischt werden. So ist es zum Beispiel nicht gerade günstig, wenn bei einem sachlichen Informationsaustausch die Gefühle in den Vordergrund treten und dann als Störung wahrgenommen werden. Gleichzeitig geht die Kommunikationsforschung davon aus, dass es unmöglich ist, die Beziehungsebene in Gesprächen komplett auszublenden. Denn: Ein grundlegender Zweck von Kommunikation liegt darin, etwas über sich selbst, den anderen und die Beziehung zueinander und zur Umwelt zu erfahren.

Jeder Mensch hat eine Präferenz, wie er Nachrichten entschlüsselt und welches sein „Lieblingsohr" ist.

- Mit welchem Ohr hören Sie überwiegend? Wie verlaufen die Gespräche, wenn Sie hauptsächlich dieses Ohr nutzen?
- Welches Ohr kommt bei Ihnen wenig zum Einsatz? Wie würde sich Ihre Kommunikation verändern, wenn dieses Ohr weiter ausgebildet wäre?
- Worauf werden Sie in Zukunft Ihre Aufmerksamkeit lenken, um bessere Gespräche zu führen?

2.3 DIE BEDEUTUNG NONVERBALER SIGNALE

Das kennen Sie sicherlich aus verschiedenen Situationen: Wichtiger als das, was gesagt wird, ist oft, wie etwas gesagt wird. „Der Ton macht die Musik." Wie etwas gesagt wird, wirkt sich entscheidend darauf aus, wie die Nachricht beim anderen ankommt. Wir unterstützen unsere Aussagen durch Gestik, Mimik und Körperhaltung und geben dem Empfänger damit Hilfestellung beim Entschlüsseln der Nachricht.

Zur nonverbalen Kommunikation gehören jede Form der Verständigung und alle Signale, die nichtsprachlich erfolgen. Die nonverbale Kommunikation hat großen Einfluss auf Gesprächssituationen und läuft gleichzeitig oft unbewusst ab.

Nonverbale Signale haben in Gesprächen verschiedenen Funktionen:
- Gefühle und Emotionen ausdrücken (Sie schauen bedrückt nach unten und zeigen dadurch, dass Sie traurig sind.)
- Einstellungen mitteilen (Sie wenden sich jemandem mit dem ganzen Körper zu und lächeln ihn an: „Ich mag dich" oder „Ich freue mich, dich zu sehen")
- Eigene Persönlichkeitseigenschaften kommunizieren (Sie lachen, gestikulieren und zeigen damit, dass Sie kontaktfreudig sind)
- Die verbale Kommunikation erleichtern (Sie senken Ihre Stimme, schauen zur Seite und beenden Ihren Satz: Ihr Gesprächspartner hat nun das Wort)

(Aronson, Wilson & Akert 2004, S. 103)

In Bezug auf das professionelle Miteinander in der Kita kann es Ihnen helfen, zu reflektieren, welche nonverbalen Signale Sie und die anderen senden:

Bitte überlegen Sie:

- In welchem Ton sprechen Sie mit Ihrem Gegenüber?
- Welchen Gesichtsausdruck haben Sie dabei?
- Wie bewegen Sie Ihren Körper, wie stehen Sie während des Gespräches?
- In welchem Abstand stehen Sie zu Ihrem Gesprächspartner?
- Was oder wen berühren Sie während des Gespräches?

Gestik, Mimik und Körpersprache können anregend und offen, aber auch distanzierend, zurückhaltend oder kritisierend wirken. Nicken, Lächeln, Zugewandtsein kommen bei Ihrem Gegenüber anders an als Stirnrunzeln, die Augenbrauen hochziehen oder das Vermeiden von Blickkontakt.

Eine Botschaft fühlt sich stimmig an, wenn das Gesagte mit den nonverbalen Signalen übereinstimmt – hier spricht man auch von kongruentem Verhalten.

Sind Sie zum Beispiel traurig, schauen nach unten und teilen mit leiser Stimme mit, dass es Ihnen nicht gutgeht, ist die Botschaft für Ihr Gegenüber glaubwürdig – das Gesagte und Ihre nonverbalen Signale stimmen überein. Sie verhalten sich kongruent. Würden Sie bei denselben nonverbalen Signalen äußern, es gehe Ihnen blendend, wäre Ihr Gegenüber irritiert und würde spüren, dass etwas nicht stimmig ist.

Wenn wir uns inkongruent verhalten, tritt die inhaltliche Ebene der Nachricht in den Hintergrund, und wir sind damit beschäftigt, dass unser Gegenüber uns unglaubwürdig erscheint. Menschen glauben nicht den Worten, Menschen glauben dem, was sie sehen, und das ist auch das, was Sie über die nonverbale Kommunikation transportieren. Die nonverbalen Signale sind nicht so leicht zu manipulieren.

ÜBUNG

Nehmen Sie beim nächsten Tür-und-Angelgespräch mit Eltern gedanklich eine Außenposition ein und betrachten Sie sich wie durch ein Fenster: Stimmen Ihre verbalen Aussagen mit den nonverbalen Signalen, die Sie aussenden, überein?

NEUN TIPPS FÜR GUTE GESPRÄCHE

1. **Körperhaltung:** Stehen oder sitzen Sie aufrecht und gerade. Achten Sie darauf, dass die Beine fest am Boden stehen. Hilfreich ist es, sich vorzustellen, dass Sie sich mit dem Boden verbinden. Dadurch strahlen Sie Sicherheit aus und können sich selbst gefestigt fühlen.

2. **Blickkontakt:** Halten Sie Blickkontakt zu Ihrem Gesprächspartner. Dadurch fühlt Ihr Gegenüber sich wahrgenommen und angenommen.

3. **Lächeln:** Lächeln ist die einfachste Methode, um eine Verbindung zu anderen Menschen aufzubauen und gute Gedanken zu haben. Übrigens: Lächeln hat überall auf der Welt eine verbindende Wirkung.

4. **Gedanken:** Nehmen Sie in ein Gespräch positive Gedanken mit. Diese Gedanken unterstützen Sie, auch alles Kommende in einem eher positiven Licht zu sehen.

5. **Lautstärke:** Wählen Sie eine Stimmmodulation, die nicht zu laut und nicht zu leise ist. Versuchen Sie, in der jeweiligen Situation für alle gut verständlich zu sein.

6. **Geschwindigkeit:** Sprechen Sie langsam. Bei Gesprächen, die sie für schwierig halten, sprechen viele Menschen zu schnell. Das liegt oft daran, dass sie unterbewusst das Gespräch so rasch wie möglich hinter sich bringen wollen. Atmen Sie immer wieder bewusst ein und aus und lassen Sie sich Zeit, wenn Sie sprechen. Ihr Gesprächspartner möchte Ihnen folgen können, und für ihn sind es neue Informationen.

7. **Pausen:** Pausen sind wunderbare Mittel, um dem Gesagten die nötige Wirkung zu verleihen. Zudem lassen sie Ihrem Gesprächspartner den notwendigen Raum zum Nachdenken.

8. **Gesten:** Gesten unterstreichen das Gesagte und machen die Kommunikation lebendig, wenn sie natürlich eingesetzt werden.

9. **Modulation:** Je nachdem, welche Worte und wie Sie diese betonen, kann sich eine neue Bedeutung ergeben. Lassen Sie dieses Mittel für sich arbeiten und unterstreichen Sie Ihre Botschaft durch bewusste Betonung.

3 Gespräche in der Kita

Mit einer angenehmen Atmosphäre und einer wertschätzenden und von Offenheit geprägten Haltung schaffen Sie gute Voraussetzungen für gelingende Gespräche. In der Kita gibt es sowohl die spontanen Alltagsgespräche als auch die geplanten Gespräche, die zwischen Ihnen und den Eltern, zwischen Ihnen und Ihren Kolleginnen bzw. Kollegen oder der Leitung stattfinden. Beide Arten von Gesprächen sind wichtig und haben zum Ziel, Beziehungen zu pflegen und zu vertiefen, Verständigung herbeizuführen oder Unklarheiten zu beseitigen.

Miteinander in Kontakt und in ein Gespräch zu kommen gelingt je nach Gegenüber unterschiedlich gut. Sind die Unterschiede in der Einstellung zwischen den Gesprächspartnern sehr groß, ist das gegenseitige Verstehen herausfordernder und nicht immer ganz einfach, auch wenn Sie wertschätzend miteinander umgehen wollen. Wie kann es Ihnen gelingen, Wertschätzung zu zeigen und zu leben, auch wenn Ihr Gesprächspartner ganz anders ist als Sie, andere Werte und Normen lebt, die Sie vielleicht sogar komplett ablehnen?

3.1 NEUE PERSPEKTIVEN ENTDECKEN: SYSTEMISCHE SICHTWEISEN

In der Kita treffen unterschiedliche Systeme und die verschiedensten Menschen aufeinander: Familie und Einrichtung, Eltern und pädagogische Fachkräfte, die Kolleginnen und Kollegen, die Leitung, unterschiedliche Kooperationspartner etc.

Das größte gemeinsame Ziel, das alle teilen, besteht in der bestmöglichen Förderung der Kinder und ihres allgemeinen Wohls. Der Weg zum Ziel kann jedoch auf verschiedenste Art und Weise gegangen und gestaltet werden, wodurch in der Kita viel Dynamik entsteht. Sicher kennen Sie Situationen, in denen Ihnen das Verhalten oder Handeln Ihres Gegenübers auch im pädagogischen Zusammenhang unverständlich vorkam. Vielleicht spürten Sie dabei sogar Ablehnung. Andererseits geht es in unterschiedlichen Zusammenhängen möglicherweise auch anderen Personen mit Ihnen so.

Wahrnehmung und Erleben sind subjektiv und werden von Bedürfnissen, Werten und Normen beeinflusst. Wenn Ihnen etwas besonders wichtig ist, werden Sie das von sich und anderen Menschen für ein gutes Miteinander einfordern bzw. erwarten. Missachten andere Ihre Werte, werden Sie dieses Verhalten in der Regel ablehnen und auf Anhieb nicht verstehen können.

Bitte überlegen Sie:
- Welche Werte und Normen sind Ihnen besonders wichtig?
- Warum sind genau diese Normen und Werte für Sie wichtig?
- An welche Erfahrungen und Erlebnisse erinnern Sie sich, wo diese Werte und Normen für Sie eine große Bedeutung hatten?
- Welche Menschen haben Ihnen diese Werte vorgelebt?
- Bei welche Normen, die Ihnen vorgelebt wurden, haben Sie sich bewusst dagegen entschieden?
- Wie reagieren Sie, wenn andere Ihre Werte und Normen nicht einhalten? Wie fühlen Sie sich? Was denken Sie über den/die anderen?

Unter der systemischen Sichtweise geht es nicht darum, Recht oder Unrecht zu haben, sondern in die Welt des anderen einzutauchen und somit den eigenen Wissenshorizont zu erweitern. Diese Betrachtungsweise hilft dabei, gelassener mit unterschiedlichen Meinungen und Aussagen umzugehen.

Zwei Ihrer Kolleginnen, die sich gestritten haben, vertrauen sich Ihnen einzeln an und schildern den Konflikt. Sie hören sich die Geschichte der einen Kollegin an und können gut verstehen, warum sie sauer ist. Die Situation scheint eindeutig zu sein. Dann hören Sie die Schilderung der anderen Kollegin und fühlen genauso. Auch diese Kollegin können Sie gut verstehen.

Es gibt zwar Parallelen in der Situationsbeschreibung, Sie erkennen Gemeinsamkeiten, allerdings handelt es sich um zwei unterschiedliche Erlebnisse. Wie ist das möglich?

Dieselbe Situationen kann von verschiedenen Personen sehr unterschiedlich erlebt und gedeutet werden; Einstellungen und Verhaltensweisen können sich stark voneinander unterscheiden.

Erinnern Sie sich an Ihr letztes Streitgespräch? Wie haben Sie die Situation wahrgenommen und eingeschätzt? Wie hat Ihr Gesprächspartner die Situation wahrgenommen? Wer war aus Ihrer Sicht im Recht und wer aus der Perspektive der anderen Person?

Das Wissen um systemische Sichtweisen hilft Ihnen, neue Blickwinkel zu entdecken, sich der Perspektive Ihres Gegenübers anzunähern, und unterstützt Sie im wertschätzenden Umgang miteinander. Im Rahmen des systemischen Denkens und Handelns dürfen Sie sich davon frei machen, eine andere Person einzuschätzen. Es geht vielmehr darum, sich für den anderen und seine Perspektive zu interessieren. Systemische Sichtweisen in der Pädagogik eröffnen neue Wege, schaffen Verständnis und unterstützen bei der Bewältigung von Schwierigkeiten. Systemische Pädagogik ist keine Methode, sondern vielmehr die Summe von Haltungen wie zum Beispiel Respekt, Wertschätzung, Ressourcenorientierung und Kultursensitivität (Roth 2014).

Systemische Denk- und Arbeitsweisen

Folgende systemische Denk- und Arbeitsweisen können Sie in Gesprächen in der Kita gut unterstützen:

- Alle Beteiligten möchten mit ihrem Beitrag zum Gespräch das Bestmögliche für die Situation bewirken.
- Jedes Denken und jedes Verhalten erfüllen aus der Perspektive des Handelnden einen Sinn.
- Jede Person hat ihr eigenes Bild von der Wirklichkeit. Auch jede beobachtete Situation wird mit dem eigenen, subjektiven Sinn wahrgenommen.
- Veränderung und Entwicklung entstehen durch Zutrauen und Akzeptanz.

Mit diesen Grundgedanken können für Situationen die verschiedensten Hypothesen gebildet werden.

PRAXISBEISPIEL

Die Praktikantin beobachtet eine Mutter und ihr Kind morgens beim Bringen in der Garderobe. Die Mutter wirkt hektisch, zieht ihre Tochter Lisa hinter sich her und drängelt mit den Worten: „Immer bist du so langsam, das nervt mich total."

Dem beobachteten Verhalten mit Unverständnis oder sogar Ablehnung zu begegnen („Die Mutter geht schlecht mit ihrem Kind um") ist einerseits auf der emotionalen Ebene verständlich, führt aber andererseits weg von einem konstruktiven und auf Veränderung zielenden Miteinander.

Mit einem systemischen Verständnis gehen Sie davon aus, dass die Mutter für ihr Kind das Beste möchte, auch wenn sie in dieser Situation verletzend handelt. So können Sie, statt der Situation die offensichtlichste Erklärung zuzuschreiben, das Beobachtete aus einem neuen Blickwinkel betrachten. Folgende Fragen können Ihnen dabei helfen: Warum könnte das beobachtete Handeln sinnvoll sein? Was könnte der Grund für dieses Verhalten sein?

Aus den möglichen Antworten auf diese Fragen, den gebildeten Hypothesen, können neue Handlungsimpulse entstehen. Dadurch kann es Ihnen gelingen, nicht in dem Urteil „Die Mutter geht schlecht mit ihrem Kind um" zu verharren, sondern einen neuen Zugang zur Mutter zu suchen. Das ist ein aktiver Prozess, ein Erforschen und Entdecken des Gegenübers. In diesem Miteinander könnte der Mutter eine neue Perspektive auf das Erleben ihres Kindes angeboten werden, und Ihnen eröffnet sich die Chance, die Hintergründe des Verhaltens zu verstehen.

PRAXISBEISPIEL

Versetzen wir uns noch einmal in die Garderoben-Situation aus dem vorhergehenden Praxisbeispiel. Eine mögliche Hypothese der Praktikantin könnte sein:

„Ich sehe, Sie sind sehr unter Zeitdruck. Ich glaube Lisa ist noch müde. Es fällt ihr gerade schwer, sich zu beeilen. Vielleicht können wir zusammen überlegen, wie wir die Situation des Ankommens gemeinsam angenehmer gestalten können."

Systemisch zu denken bedeutet, etwas Abstand von dem zu nehmen, was Sie beobachtet haben. Gehen Sie davon aus, dass Handlungen und Beziehungen vielschichtig und komplex sind. Daher kann kein einfacher Ursache-Wirkungs-Zusammenhang hergestellt werden. Es lohnt sich, die vielen Bedingungen und Einflüsse auf eine Situation mit zu bedenken. So wird auch plausibel, dass der erste Eindruck von einer Situation nicht der einzig mögliche ist.

In allen Situationen können Sie verschiedenen Zugänge und Wege entdecken und sich auf andere, neue Perspektiven einlassen. Das kann Sie in Gesprächen entlasten und lädt Sie auch in schwierigen Gesprächssituationen zum Entdecken und Erforschen Ihres Gegenübers und seiner Denk- und Handlungsweise ein (Roth 2014).

ÜBUNG

Probieren Sie aus, mit folgendem Gedanken in das nächste Elterngespräch zu gehen: „Sie wollen das Beste für Ihr Kind, das schätze ich."

Das bedeutet nicht, dass Sie mit allem Handeln der Eltern einverstanden sein müssen. Doch werden Sie das Gespräch mit einer grundsätzlich anderen Haltung und Einstellung führen, wenn Sie auf diese Weise von den Eltern denken.

ÜBUNG

Sie sind in einem Gespräch, bei dem Ihr Gegenüber eine ganz andere Meinung vertritt als Sie selbst. Treten Sie mental von Ihrer Meinung etwas zurück. Hören Sie Ihrem Gesprächspartner zu und vermeiden Sie das Wörtchen „Aber". Beobachten Sie, wie sich das Gespräch entwickelt.

Wie schwer fällt es Ihnen, auf ein „Aber" zu verzichten? Wie oft ist Ihnen das Wort dann doch herausgerutscht? Und wie oft hätten Sie es am liebsten gesagt?

Das Wort „aber" ist eine kleine Vernichtungsmaschine für das zuvor Gesagte, denn in dem Moment, wenn Sie es benutzen, widersprechen Sie dem anderen, auch wenn Sie es nicht ausdrücklich sagen: „Ich verstehe Sie gut, aber bei uns in der Kita haben wir massive Probleme mit Stefans Verhalten und würden das gerne mit Ihnen besprechen." Was hören Sie hier heraus? Hören Sie Verständnis oder eher das Problem mit Stefans Verhalten?

Der erste Teil des Satzes, der Verständnis signalisiert, wird durch das Wort „aber" komplett hinfällig. Die bessere Alternative könnte lauten: „Ich verstehe Sie gut, und gleichzeitig haben wir in der Kita ein Problem mit Stefans Verhalten und würden das gerne mit Ihnen besprechen."

Verschiedene Perspektiven wahrnehmen

Im Kita-Alltag gibt es immer wieder herausfordernde Situationen, die den systemischen Blick verstellen können. Die nächste Übung kann Ihnen helfen, die verschiedenen Perspektiven in einer Situation wahrzunehmen:

ÜBUNG

Legen Sie drei Karteikarten im Dreieck auf den Boden und beschriften Sie sie mit ICH, ER oder SIE und BEOBACHTER. Die Karten symbolisieren drei unterschiedliche Positionen:

1. ICH steht für Ihre Position: Stellen Sie sich auf das Kärtchen und begeben Sie sich gedanklich in die für Sie problematische Situation. Was genau empfinden Sie? Was ist Ihnen wichtig? Was stört Sie im Besonderen? Stellen Sie sich die Situation so bildlich vor, wie es nur geht.

2. ER oder SIE steht für die Person, die an dem „Problem" beteiligt ist. Stellen Sie sich jetzt auf dieses Kärtchen und versetzen Sie sich in den anderen. Betrachten Sie die Welt aus seinen Augen. Was sieht die Person, was fühlt sie? Was ist ihr besonders wichtig und warum? Was stört die Person im Besonderen?
Hier ist es vor allem wichtig, nur aus der Perspektive des anderen zu antworten und nicht in die eigene Rolle zurückzufallen. Es geht um einen echten Perspektivwechsel und das Verstehen, warum die Person so handelt, wie sie handelt. Was hat sie davon, wenn sie so handelt?

3. Jetzt stellen Sie sich auf das Kärtchen BEOBACHTER. Wie stellt sich die Situation für einen unbeteiligten Beobachter dar? Was sieht er? Was hört er? Wie beurteilt er die Situation aus der neutralen Position heraus? Wie könnte aus seiner Sicht die Lösung aussehen? Achten Sie hier darauf, die Neutralität der Beobachterposition zu wahren.

Fragen Sie sich nun: Was hat sich verändert? Wie stellt sich die Situation jetzt für mich dar? Welchen Unterschied merke ich in meiner Einstellung gegenüber dem anderen?

3.2 GEPLANTE GESPRÄCHE VORBEREITEN

Für geplante Gespräche, wie zum Beispiel die jährlichen Entwicklungsgespräche oder auch Krisen- bzw. Konfliktgespräche, finden Sie im Folgenden hilfreiche Tipps und Methoden zur Planung.

ÜBUNG

Sich selbst positiv einstimmen

Kurz vor dem Termin macht es Sinn, sich auf das Gespräch einzustimmen, damit Sie sich wohlfühlen. Wie können Sie das am leichtesten erreichen? Wenn Sie mit positiven Gefühlen in ein Gespräch einsteigen, ist die Wahrscheinlichkeit deutlich höher, dass die Kommunikation gut verlaufen wird. Ihre Sicherheit und Ihre positive Ausstrahlung werden Ihrem Gesprächspartner nicht entgehen, was fast zwangsläufig zu einem positiven Klima führt.

Gute Stimmung entsteht durch Bewegung: Stehen Sie auf, lächeln Sie, heben Sie die Hände über den Kopf und hüpfen Sie 30 Sekunden auf der Stelle. Wenn Sie Lust dazu haben, können Sie dabei auch singen.

Welche Veränderung nehmen Sie an sich wahr? Vermutlich merken Sie, dass Sie anders denken und auch anders fühlen. Sie befinden sich in einem physischen Zustand, in dem Glückshormone ausgeschüttet werden. Dadurch bekommen Sie positive Energie.

Eine gute Vorbereitung auf den Termin – sowohl mental als auch inhaltlich – macht die Gespräche produktiver, effektiver und auch angenehmer für alle Beteiligten. Deswegen heißt die Devise: Je wichtiger das Gespräch, desto intensiver ist die Vorbereitung. Je intensiver die Vorbereitung, desto weniger Zeit braucht es für das Gespräch und desto besser ist das Ergebnis.

Erinnern Sie sich an ein Gespräch, in dem geredet und geredet wurde und Sie am Ende immer noch das Gefühl hatten, dass nichts geklärt ist? Was könnte ein Grund dafür sein?

Den geeigneten Gesprächsrahmen finden

Nach solchen Gesprächen bleibt oft ein schlechtes Gefühl. Vielleicht war der Rahmen für das Gespräch ungeeignet? Zu einer guten Vorbereitung gehört es auch, einen geeigneten Rahmen (Ort, Dauer, Beteiligte) zu finden und auszugestalten, in dem sich alle Beteiligten möglichst wohlfühlen.

CHECKLISTE FÜR EINEN GUTEN GESPRÄCHSRAHMEN

- Zeitpunkt der Besprechung terminieren und kommunizieren

- Dauer des Gespräches im Vorfeld realistisch einschätzen und darüber informieren

- Geeigneten Raum für das Gespräch finden

- Den Raum vorbereiten (Sitzgelegenheiten, Sitzordnung, Erfrischungen etc.)

- Beteiligte am Gespräch auswählen, festlegen und kommunizieren

- Die Gesprächsatmosphäre überdenken

- Besonderheiten der Gesprächssituation berücksichtigen

Klare Ziele formulieren

Zur Vorbereitung eines Gespräches zählen außer dem geeigneten Rahmen auch klare Ziele, die im Vorfeld definiert werden sollten. Nur wer sein Ziel kennt, findet den richtigen Weg, der ihn zum gewollten Ergebnis führt.

Haben Sie keine Ziele, ist der Weg – in dem Fall: wie Sie kommunizieren – eher unwichtig, denn Sie kommen sowieso zu irgendeinem willkürlichen Ergebnis, das nicht überprüfbar ist. Es ist dann mehr Glückssache, ob Ihnen das Ergebnis am Ende gefällt oder nicht.

 ## TIPPS ZUR ZIELFORMULIERUNG

● Formulieren Sie das Ziel in Gegenwartsform, als wäre es bereits erreicht.

● Legen Sie nur Ziele fest, auf die Sie Einfluss haben.

● Formulieren Sie nur positive Ziele, also nicht das, was Sie nicht erreichen wollen.

● Verwenden Sie bei der Zielformulierung keine Vergleiche – mehr oder weniger als ... etc.

● Benennen Sie das Ziel ganz konkret und spezifisch, sodass es überprüfbar ist, wenn es erreicht wird.

● Formulieren Sie realistische Ziele.

In diesem Zusammenhang wird oft von **SMARTen Zielen** gesprochen. Das bedeutet: Gelungene Ziele sind
S = spezifisch (Ist die Formulierung konkret und verständlich?)
M = messbar (Woran erkennen Sie, dass das Ziel erreicht wurde?)
A = attraktiv (Sind die Beteiligten motiviert, das Ziel erreichen zu wollen?)
R = realistisch (Ist das Ziel mit den zur Verfügung stehenden Ressourcen erreichbar?)
T = terminiert (Bis wann wird das Ziel erreicht?)

Ziele müssen nicht zwangsläufig gleich starr festgeschrieben sein. Im Gespräch werden die Sichtweisen der anderen mit einbezogen, und so kann ein gemeinsames, motivierendes (Ziel-)Ergebnis für alle entstehen.

Paul zeigt immer wieder ein aggressives Verhalten in der Kita. Er schubst und tritt andere Kinder und stört ihr Spiel, indem er ihre gebauten Werke kaputtmacht. Spricht ihn die Erzieherin darauf an, zeigt Paul einerseits Verständnis, andererseits ändert es nichts an seinem Verhalten. Es wird immer problematischer, weil sich langsam alle Kinder von ihm abwenden. Auch wenn Paul gar nicht da ist und ein Kind weint, sagen die anderen Kinder, dass er der Grund dafür sein muss.

Eine Zielformulierung für das anberaumte Elterngespräch könnte lauten: „Am Ende des Entwicklungsgespräches haben wir uns auf eine gemeinsame Vorgehensweise bezüglich des Verhaltens von Paul geeinigt und die ersten Schritte konkret festgelegt." Dieses Ziel ist smart, jedoch steht inhaltlich nicht genau fest, was genau diese Schritte sind. Es sagt jedoch klar aus, dass es konkrete Schritte geben muss, damit das Ziel erreicht wird, und dass Einigkeit darüber besteht.

Ein konkretes inhaltliches Ziel wäre: „Am Ende des Gespräches haben die Eltern eingewilligt, dass Integrationshilfe für Paul beantragt wird." Wird ein Ziel inhaltlich in dieser Form formuliert und verfolgt, birgt es die Gefahr, dass andere Lösungen, die im Gespräch mit den Eltern eventuell entstanden wären, nicht entwickelt werden können. Zudem kann es sein, dass die Eltern einer Integrationshilfe nicht offen gegenüberstehen und somit das Ziel von vorneherein nicht erreicht werden kann. Eltern als die wichtigsten Bezugspersonen des Kindes müssen die Möglichkeit haben, ihre Sicht einzubringen und aktiv zur Lösung beizutragen.

GESPRÄCHSVORBEREITUNG NACH DEM KOMMUNIKATIONSMODELL VON SCHULZ VON THUN

Das Kommunikationsmodell von Schulz von Thun (siehe Seite 14 ff.) eignet sich auch hervorragend, um Gespräche gezielt und effektiv vorzubereiten:

2. Sachinhalt
Welche Themen will ich ansprechen?
In welcher Reihenfolge?
Wie ist der Sachverhalt?
Welche Argumente, Gründe und
Beispiele liegen vor?

3. Selbstaussage
Wie erlebe ich die
Situation?
Wie sind meine
Gefühle und
Bedürfnisse?
Was davon möchte
ich wie mitteilen?

1. Appel
Was ist mein
Gesprächsziel?
Was will ich (minimal/
maximal) erreichen?
Welche Wünsche
und Forderungen
habe ich?

4. Beziehung
Wie kann ich ein positives Klima
schaffen?
Wie sieht der andere die Situation?
Wie kann ich Kritik äußern, ohne zu
verletzen?
Wie kann ich das Gespräch positiv
abschließen?

Die Gesprächsphasen

Jedes Gespräch verläuft individuell. Doch hat es in aller Regel eine bestimmte Struktur mit unterschiedlichen Gesprächsphasen. Diese Phasen sind in den meisten Gesprächen zu finden:

1. Begrüßung

Ziel: Den anderen gut abholen und eine angenehme Grundatmosphäre schaffen

- Begrüßen sie Ihren Gesprächspartner mit Namen
- Zeigen Sie Ihre Freude darüber, dass das Gespräch heute stattfindet
- Fragen Sie nach dem Befinden Ihres Gegenübers, zeigen Sie Interesse an seiner Person
- Schauen Sie Ihren Gesprächspartner an, wenn Sie mit ihm sprechen
- Sprechen Sie Ihr Gegenüber mit seinem korrekten Namen an; das ist für den Rapportaufbau sehr wichtig
- Bieten Sie Ihrem Gesprächspartner einen Platz an (am besten über Eck)
- Bieten Sie ihm eine Erfrischung (etwas zum Trinken) an

2. Orientierungsphase

Ziel: Einen guten Rapport herstellen, um das Vertrauen zu stärken und für die nächsten Phasen eine gute Basis zu schaffen

---

Unter **Rapport** wird eine Beziehung verstanden, die durch Vertrauen, Ähnlichkeit und Zustimmung gekennzeichnet ist. In der Alltagssprache wird dieser Zustand mit „auf gleicher Wellenlänge" beschreiben. Wenn Menschen miteinander sprechen und auf der gleichen Wellenlänge sind, werden Sie feststellen, dass sie oft die gleiche Körperhaltung haben, in ähnlicher Lautstärke oder Geschwindigkeit sprechen etc.

Rapport entsteht durch bewusstes oder unbewusstes einander Angleichen und kann somit auch hergestellt werden, in dem Sie zum Beispiel die Körperhaltung des anderen bewusst einnehmen, den Tonfall Ihrem Gegenüber anpassen etc. Ziel dabei ist es, sich in den anderen besser einfühlen und somit ein besseres Verständnis für ihn entwickeln zu können.

- Stellen Sie sich auf Ihren Gesprächspartner ein
- Benutzen Sie gleiche Sprache (in aller Regel keine unverständliche Fachsprache mit vielen Fachbegriffen)
- Sprechen Sie klar und deutlich
- Informieren Sie Ihr Gegenüber über die Struktur und den Verlauf des Gespräches
- Klären Sie Ihren Gesprächspartner über das Ergebnisprotokoll auf

3. Informationsphase

Ziel: Wichtige Informationen zum Thema sammeln und austauschen

- Situation des anderen berücksichtigen, seine Wünsche und Bedürfnisse in Erfahrung bringen
- Stellen Sie offene Fragen, um möglichst viele Informationen zu erhalten

----

Beispiel für eine **offene Frage**: Wobei hast du dir denn wehgetan?
Beispiel für eine **geschlossene Frage**: Hast du dir im Garten wehgetan?

- Hören Sie gut zu, unterbrechen Sie Ihren Gesprächspartner nicht
- Schildern Sie die aus Ihrer Sicht wichtigen Informationen und untermauern Sie sie mit Beispielen aus dem Alltag

4. Entscheidungsphase

Ziel: Klare Absprachen und Entscheidung miteinander treffen, konkrete Schritte festlegen

- Alternativfragen stellen, aus besprochenen Möglichkeiten eine gemeinsame Lösung auswählen
- Positive Formulierungen benutzen
- Termine festlegen
- Zuständigkeiten klären
- Strahlen Sie Sicherheit und Klarheit aus, indem Sie Füllwörter wie „vielleicht", „eigentlich" etc. vermeiden

5. Abschluss

Ziel: Positiver Abschluss und Rahmen für spätere Gespräche setzen

- Fassen Sie das Ergebnis des Gespräches zusammen
- Bedanken Sie sich für das Gespräch
- Fragen Sie Ihr Gegenüber, wie es ihm mit dem Ergebnis des Gespräches geht
- Kopieren Sie das Ergebnisprotokoll oder informieren Sie, bis wann Ihr Gesprächspartner das Protokoll erhält
- Verabschieden Sie sich von Ihrem Gesprächspartner und bringen Sie ihn zur Tür

---

KLEINER EXKURS ZUM THEMA PROTOKOLL

Immer wieder taucht die Frage auf, ob am Ende eines Gespräches (mit den Eltern, der Leitung, im Team etc.) ein Protokoll unterschrieben werden soll. Hier gibt es keine richtige oder falsche Antwort. Entscheidend ist die Frage, was das Ziel der Unterschrift ist und wie sich mein Gesprächspartner fühlt, wenn ich sie abschließend einfordere.

Bitte entscheiden Sie selbst:
- Wie geht es Ihnen, wenn am Ende einer Besprechung auf partnerschaftlicher Ebene von Ihnen eine Unterschrift zum Protokoll verlangt wird?
- Wie geht es Ihnen, wenn Ihr Gegenüber am Ende einer Besprechung sagt: „Ich mache das Ergebnisprotokoll noch fertig und stelle ich es Ihnen gerne zu Verfügung, damit Sie die Ergebnisse auch alle schriftlich haben."

Übrigens: Für Dokumentationszwecke reicht es vollkommen aus, wenn ein Ergebnisprotokoll angefertigt und allen Beteiligten zur Verfügung gestellt wird.

CHECKLISTE: GESPRÄCHSLEITFADEN

1. Einladung

- schriftlich?

- mündlich?

- Wer muss noch eingeladen werden?

- Wie sieht die Tagesordnung aus, die kommuniziert wird?

2. Gezielte Vorbereitung

- Rahmen (siehe Seite 29)

- Ziele (siehe Seite 29 ff.)

- Konkrete Situationen/Beispiele aus dem Alltag zusammentragen

- Mögliche Ideen zur Lösung zum jetzigen Zeitpunkt

3. Atmosphäre des Gespräches

- Begrüßung (siehe Seite 33)

- Nonverbale Signale nutzen (siehe Seite 21)

- Sprache des anderen berücksichtigen

- Klare und deutliche Sprache, nicht um den heißen Brei herumreden

- Anlass des Gespräches klar kommunizieren

- Umgang mit Protokoll kommunizieren

4. Die Sichtweise des Gesprächspartners einbeziehen

- Verständnis zeigen und versuchen, den anderen zu verstehen

- Gemeinsame Lösung entwickeln

- Unterstützung anbieten

5. Vereinbarungen und Zuständigkeiten klären

- Das Gespräch zusammenfassen

- Vereinbarungen treffen und schriftlich festhalten

- Nur realistische Zusagen machen

- Eventuell Folgetermin ausmachen

6. Reflexion des Gespräches

- Was lief gut?

- Was lief weniger gut und warum?

- Gab es Missverständnisse? Müssen diese noch geklärt werden?

- Mit welchem Gefühl endete das Gespräch?

- Was ist für Sie die Quintessenz aus dem Gespräch? Worin besteht die Lernchance?

4 Zugewandt sein: Die dialogische Grundhaltung

Kennen Sie das? Sie sind so stark in ein Gespräch vertieft, dass Sie gar nicht merken, wie die Zeit vergeht. Bei der Unterhaltung fühlen Sie sich absolut wohl, Ihrem Gegenüber sehr nahe und sind sich sicher, dass der andere Sie versteht.

Bitte überlegen Sie:
- Wann haben Sie das letzte Mal ein solches Gespräch geführt?
- Wie haben Sie sich dabei gefühlt?
- Warum, glauben Sie, haben Sie dabei offen über alles sprechen können, was Sie bewegt?

Wahrscheinlich haben Sie sich in dem Gespräch sicher gefühlt, weil Sie fühlten, dass Sie in Ordnung sind, so wie Sie sind. Ihr Gesprächspartner hat nicht versucht, Sie zu verändern oder Ihnen irgendetwas überzustülpen. Sie hatten möglicherweise das Gefühl, alles sagen zu können, ohne verurteilt und bewertet zu werden.

Gespräche dieser Art sind durch eine **dialogische und wertschätzende Haltung** geprägt. Doch was bedeutet das konkret, und wie sieht die Umsetzung in der Praxis aus? Denn: Nicht in jedem Gespräch findet sich zwangsläufig die dialogische Haltung wieder. Nur weil zwei Personen miteinander reden, heißt das nicht, dass auch ein echter Dialog stattgefunden hat. Dazu braucht es mehr als nur Rede und Gegenrede.

4.1 DIALOG BRAUCHT SICHERHEIT, OFFENHEIT UND VERTRAUEN

Wenn Sie Angst haben müssen, dass vertrauliche Informationen weitergegeben oder gegen Sie verwendet werden, werden Sie sich zurücknehmen bei dem, was Sie sagen.

PRAXISBEISPIEL

Die Erzieherin, Frau Groß, und Frau Schwarz, die Mutter von Leon, treffen sich zum Entwicklungsgespräch. Frau Schwarz ist sehr offen und erzählt von den Problemen, die sie zu Hause mit Leon hat. Der Junge höre nicht auf sie, könne nicht an einer Sache dranbleiben, sei zappelig… Auch mit anderen Kindern komme der Junge nicht in ein gutes Spiel, weil er ihnen immer wieder Sachen wegnimmt und damit wegläuft.

Die Situation in der Kita sieht ähnlich aus. So entwickelt Frau Groß zusammen mit Frau Schwarz Ideen, wie die Mutter mit Leon zu Hause umgehen kann und was die pädagogischen Fachkräfte machen könnten. Das Gespräch endet produktiv und angenehm. Ein Folgegespräch nach sechs Wochen wird verabredet, um Leons Fortschritte zu reflektieren.

Nun sitzen sie wieder zusammen am Tisch. Das Verhalten von Leon hat sich in der Kita deutlich verschlechtert, während es zu Hause etwas besser geworden ist. Frau Schwarz kann das nicht verstehen, während die Erzieherin eine Integrationshilfe vorschlägt, die die Mutter jedoch auf gar keinen Fall möchte. So fängt Frau Groß an, Frau Schwarz überzeugen zu wollen, indem Sie Informationen aus dem ersten Gespräch wieder aufgreift, die die Mutter ihr vertrauensvoll erzählt hat: „Sie haben doch selbst erzählt, dass Sie sich manchmal überfordert fühlen und es schwer ist, sich die Zeit für Leon zu nehmen, die er brauchen würde. Lassen Sie sich doch helfen."

Was glauben Sie, wie Frau Schwarz sich jetzt fühlt und wie offen sie im nächsten Gespräch sein wird?

In einem echten Dialog ist es erst einmal wichtig, den anderen und seine Meinung ernst zu nehmen und zu ergründen: Welche Ängste und Bedenken stecken zum Beispiel hinter der negativen Haltung gegenüber einer Integrationshilfe? Es geht darum, die Gedanken und Äußerungen des anderen aufzunehmen und auf dieser Basis das Gespräch weiter auszubauen. Das ist die Kunst in einem echten Dialog – es entsteht oft etwas komplett Neues und Größeres als von den Beteiligten zunächst gedacht. Oft wird in diesem Zusammenhang von Synergien gesprochen. Lassen Sie uns sehen, wie der Dialog zwischen Frau Schwarz und Frau Groß dann verlaufen könnte:

Frau Schwarz: Ich möchte auf gar keinen Fall die Integrationshilfe. Leon hat sein Verhalten zu Hause verbessert, und ich sehe deshalb keine Notwendigkeit. Es wird bestimmt noch besser werden, wenn ich mir mehr Zeit für ihn nehme.

Erzieherin: Sie möchten also keine Integrationshilfe beantragen, weil Sie zu Hause Fortschritte sehen?

Frau Schwarz: Ganz genau.

Erzieherin: Das freut mich, dass es zu Hause besser läuft. Die Idee, die Integrationshilfe zu beantragen, hat den Grund, Leon in der Kita bestmöglich zu unterstützen. Wir haben sehr gute Erfahrungen mit der Heilpädagogin von der Frühförderstelle, die vielen Kindern bereits geholfen hat. Es ist unser Anliegen, dass Leon auch in der Kita gut ins Spiel mit anderen Kindern kommt, sich hier wohlfühlt und es ihm gut geht.

Frau Schwarz: Das möchte ich ja auch. Gibt es nicht eine Alternative zur Integrationshilfe?

Erzieherin: Ich weiß, dass Ihnen das Wohl von Leon sehr am Herzen liegt. Das geht uns Erzieherinnen in der Kita auch so. Deswegen haben wir bereits mehrere Sachen ausprobiert. Wir versuchen so oft wie möglich, Leon beim Spielen mit anderen Kindern zu begleiten und auch mit ihm in Einzelsituationen zu gehen. Und das tut ihm sehr gut. Das gelingt natürlich nicht immer, weil wir weitere 24 Kinder in der Gruppe haben und hier nur zu zweit sind.

Frau Schwarz: Das verstehe ich gut.

Erzieherin: Durch die Unterstützung einer Heilpädagogin in der Gruppe könnten diese Situationen für Leon häufiger stattfinden.

Frau Schwarz: Ich möchte einfach nicht, dass Leon einen Stempel aufgedrückt bekommt und später in der Schule bereits mit einer vorgefertigten Meinung aufgenommen wird.

Erzieherin: Sie haben also Bedenken, dass die Integrationshilfe sich später für Leon negativ auswirkt und die Lehrer in der Schule ihm mit Vorurteilen begegnen?

Frau Schwarz: Ganz genau. Da habe ich schon einiges gehört.

Erzieherin: Da ist es dann verständlich, dass Sie gegen die Integrationshilfe sind. Die Unterlagen von Leon werden von uns nicht an die Schule weitergegeben, wenn Sie es nicht möchten. Es besteht auch die Möglichkeit, dass Leon die Unterstützung direkt in der Frühförderstelle bekommt. Dazu würden Sie regelmäßig einmal oder zweimal in der

Woche mit Leon in die Frühförderstelle gehen, damit er dort in einer Gruppe mit anderen Kindern gefördert wird.

Frau Schwarz: Ja, das hört sich schon besser an. Obwohl ich schauen muss, wie ich das zeitlich neben meiner Arbeit hinbekomme. Ich werde es mir überlegen.

Auf der Grundlage von Offenheit und Vertrauen können auch in schwierigen Gesprächen Bedenken, Ängste und Bedürfnisse zum Ausdruck gebracht werden. In unserem Beispiel hat sich die Mutter verstanden gefühlt. Sie wurde von der Erzieherin nicht gedrängt, sodass sie auch den wahren Grund für die Ablehnung der Integrationshilfe nennen konnte.

4.2 DIALOG BRAUCHT EINE WERTSCHÄTZENDE HALTUNG UND BEREITSCHAFT

Echte Kommunikation hängt stark mit einer wertschätzenden Haltung zusammen. Zerlegen Sie den Begriff „wertschätzen" einmal in seine Bestandteile: Sie schätzen den Wert des anderen und bieten gleichzeitig einen Mehrwert für den gemeinsamen Dialog, um neue Sichtweisen und Erkenntnisse zu gewinnen. Ihr Gesprächspartner ist mit seinem Wissen, seiner Meinung und Erfahrung für Sie wertvoll. Sie wollen in seine Welt eintauchen und schätzen ihn als Person, ohne ihn zu beurteilen.

Eine wertschätzende Haltung der pädagogischen Fachkräfte wird in allen Bereichen vorausgesetzt, da sie die Basis für gute vertrauensvolle Beziehungen ist. Wertschätzung wird in der Kommunikation deutlich. Wenn wertschätzende Beziehungen zu Eltern, im Team und zu den Kooperationspartnern bestehen, können die Kinder bestmöglich gefördert und die Eltern als Experten für ihre Kinder mit ins Boot geholt werden. Nur, wenn die Kommunikation mit den Eltern eine stabile Basis hat, können die Kinder bestmöglich vom Aufenthalt in der Kita profitieren. Und nur dann werden Sie wertvolle Information bekommen, die Sie in Ihre pädagogische Planung einbeziehen und sich so auf die Kinder individuell einstellen können.

Gerade wenn es um Verhaltensweisen der Kinder geht, die Sie auf den ersten Blick nicht gut einordnen können, die Sie herausfordern, sind die Eltern als Experten gefragt. Sie kennen ihre Kinder am besten und können deren Verhalten in Beziehung setzen, einordnen und aus ihrem Blickwinkel beleuchten. Das hilft auch Ihnen, Verständnis aufzubauen und daran die pädagogische Arbeit auszurichten. Es geht darum, herauszufinden, was die Kinder bewegt, welche Ereignisse sie beschäftigen und was im Moment zu Hause Thema ist.

Paul, vier Jahre alt, besucht seit einem Jahr den Kindergarten. Er ist ein fröhliches Kind und gut in der Gruppe integriert. Seit etwa zwei Wochen will Paul jedoch nicht mehr alleine spielen. Er hält sich immer in der Nähe seiner Bezugserzieherin auf und achtet genau darauf, was sie macht. Sobald sie sich von ihm entfernt, lässt Paul alles liegen und stehen, bleibt ihr auf den Fersen.

Nachdem der Junge sich regelmäßig so verhält, entscheidet sich die Bezugserzieherin, die Eltern darauf anzusprechen. Die Beziehung zu den Eltern ist sehr gut, es besteht ein Vertrauensverhältnis.

Die Mutter kann sich zuerst das Verhalten von Paul nicht erklären. Im Verlauf des Gespräches erinnert sie sich aber, dass sein zwölfjährige Bruder sich vor rund 14 Tagen einen Spaß erlaubt und Paul im Bad eingesperrt hat. Zu dem Zeitpunkt war die Mutter kurz einkaufen gewesen, und als sie nach Hause kam, war Paul bereits befreit, jedoch immer noch völlig außer sich und verzweifelt. Jetzt kann die Mutter auch verstehen, warum Paul zu Hause extrem anhänglich geworden ist.

Dieses Gespräch war sowohl für die Mutter als auch für die pädagogische Fachkraft entscheidend. Aufbauend auf dem gemeinsamen Vertrauensverhältnis konnte ein echter, wertschätzender Dialog stattfinden, in dem dann die Ursache für das Verhalten von Paul geklärt werden konnte. Nun ist es möglich, sich gemeinsam auf eine Vorgehensweise zu verständigen, die Paul unterstützt und ihm seine Ängste nehmen kann. Wenn Kinder spüren, dass sich ihre Eltern und die pädagogischen Fachkräfte verstehen, fühlen sie sich auch in der Kita sicher und gehen gerne dorthin.

Bitte reflektieren Sie die folgenden Fragen ehrlich für sich alleine:
- Sehe ich eher die Schwächen bei anderen oder die Stärken?
- Was denke ich über Eltern, die anderer Meinung sind als ich?
- Was denke ich über Eltern, die bei der Erziehung ihrer Kinder entgegen meiner Werte handeln?
- Schaffe ich es auch bei großen Werteunterschieden, den Eltern respektvoll zu begegnen und sie nicht zu verurteilen?
- Wann gelingt mir das gut, wann eher weniger?

Wenn Sie die Arbeit in der Kita reflektieren und weiterentwickeln wollen, ist es unabdingbar, auch einen Blick auf die Kommunikation im Team zu werfen.

Bitte überlegen Sie:
- Wie oft sprechen Sie im Team miteinander?
- Wie sprechen Sie im Team miteinander?
- Was denken Sie über abweichende Meinungen? Und wie gehen Sie damit um?
- Welche Ziele verfolgen Sie im Team in Bezug auf Kommunikation?
- Welche Kommunikationsregeln haben Sie im Team vereinbart?

ÜBUNG

Setzen Sie sich im Team zusammen und besprechen Sie die Einzelergebnisse aus der Selbstreflexion. Überlegen Sie anschließend gemeinsam: Welche Normen und Werte lassen sich im Hinblick auf die Gesprächskultur in der Einrichtung ableiten? Wo weichen die Meinungen deutlich voneinander ab? Warum ist das so?

Wie bereits angemerkt: Echte Kommunikation und der Aufbau wahrer Beziehungen beginnen dann, wenn die Bereitschaft besteht, den oder die anderen zu verstehen. Oftmals sollen Gespräche jedoch nur möglichst dazu dienen, den anderen von seiner eigenen Sicht zu überzeugen. Um diese Zielrichtung zu vermeiden, geben Sie dem anderen das Gefühl, dass Sie ihn verstehen. Dazu gehört es natürlich zuerst einmal, aktiv zuzuhören (siehe Kapitel 5). Wenn Ihr Gesprächspartner sich verstanden fühlt, ist die Wahrscheinlichkeit hoch, dass er ebenfalls die Bereitschaft entwickelt, Ihnen gut zuzuhören und Sie verstehen zu wollen.

Gerade in konfliktbeladenen, aufgeheizten Gesprächssituationen ist es entscheidend, den anderen ausreden zu lassen. Manchmal wollen Menschen dann einfach nur Dampf ablassen, und das ist für den Zuhörer recht schwierig auszuhalten. Da Druck aber nur Gegendruck erzeugt, ist es nicht zu empfehlen, sich auf dieses Spiel einzulassen. Viel sinnvoller ist es, mit dem anderen mitzugehen und zu versuchen, seine Empfindungen zu verstehen. Und dazu braucht es auch die Bereitschaft, sich auf neue gemeinsame Lösungen einzulassen, ohne die eigene Idee als die einzig richtige zu verteidigen.

4.3 DIALOG UND DIE MACHT DER GEDANKEN

Dialogische Grundhaltung ist nicht durch reine Methoden zu erwerben. Es handelt sich um eine Haltung, die mit der inneren Einstellung zu tun hat – der Einstellung zu anderen Menschen und zu sich selbst. Was denken Sie über andere Menschen, wie sprechen Sie mit Ihnen? Was denken Sie über sich, wie kommunizieren Sie diese Gedanken?

Was und wie Sie denken hat einen großen Einfluss auf Ihre Kommunikation. Ihre Gedanken sind dafür verantwortlich, wie Sie fühlen. Und dann handeln Sie auch entsprechend. Auf die Handlung erfolgt dann eine Reaktion von außen (keine Reaktion ist auch eine Reaktion!), was wiederum bestimmte Gedanken auslöst. Danach beginnt der Kreislauf aufs Neue:

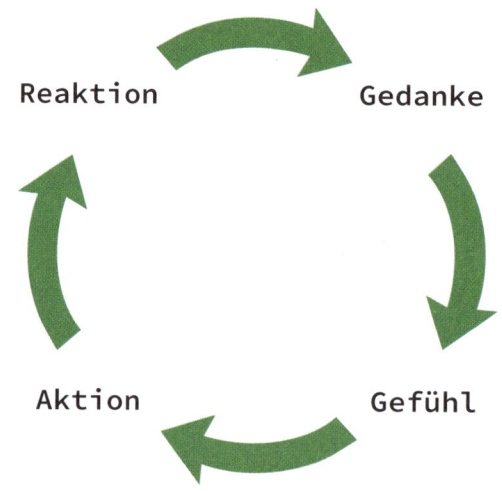

Im Ergebnis ist festzuhalten: „Ob du denkst, du kannst es, oder du kannst es nicht: Du wirst auf jeden Fall rechtbehalten" (Henry Ford).

Bitte überlegen Sie:
- Welche Gedanken können hilfreich sein, wenn Sie das nächste Mal in ein „schwieriges" Elterngespräch gehen?
- Welche Gedanken könnten Sie im Hinblick auf Kinder, die Sie in der Kita besonders herausfordern, unterstützen?
- Welche Gedanken sind hilfreich, wenn eine Kollegin etwas macht, womit Sie nicht einverstanden sind?
- Welche Gedanken begleiten Sie normalerweise im Alltag, wenn Sie über sich selbst und über andere nachdenken?

ÜBUNG

Setzen Sie sich bequem hin, ziehen Sie Ihre Schuhe aus und betrachten Sie 60 Sekunden lang Ihre Füße. Achten Sie dabei bewusst auf Ihre Gedanken. Was geht Ihnen durch den Kopf? Sind es eher positive oder negative Gedanken? Wenn es von beidem etwas ist, wägen Sie ab, was mehr Gewicht hat – die positiven oder die negativen Gedanken?

Im zweiten Schritt betrachten Sie noch einmal Ihre Füße und machen sich bewusst, was diese den ganzen Tag lang für Sie tun. Wie Ihre Füße Sie durch den Tag tragen. Was Sie alles tun können, weil Ihre Füße es Ihnen ermöglichen. Was denken Sie jetzt über Ihre Füße? Haben sich Ihre Gedanken verändert?

4.4 DIALOG BRAUCHT EMPATHIEFÄHIGKEIT

Um Gespräche, die durch dialogische und wertschätzende Haltung geprägt sind, zu führen, braucht es ein gewisses Maß an Empathie. Es geht vor allem darum, fähig und bereit zu sein, die Emotionen des anderen, seine Gedanken und seine Motive zu erkennen und sie zu verstehen lernen. Empathie meint, sich in die Lage des anderen zu versetzen, seine Perspektive einzunehmen und mitzufühlen. Damit ist jedoch nicht gemeint, mit dem anderen mitzuleiden und die gleichen Gefühle zu haben.

Wenn Sie versuchen, die Welt mit den Augen des anderen zu sehen, ist es Ihnen weit besser möglich, angemessen auf seine Gefühle zu reagieren. Und: Je ausgeprägter Ihre eigene Selbstwahrnehmung ist und Sie Zugang zu Ihren Emotionen haben, desto besser können Sie sich auch in andere Personen hineinversetzen. Es ist schon so: Nur was Sie kennen, können Sie auch richtig benennen und verstehen.

PRAXISBEISPIEL

Wenn Sie jemanden weinen sehen, haben Sie eine bestimmte Vorstellung davon, wie es sich anfühlt. Sie haben Ihre eigene Referenzerfahrung, weil Sie selbst schon einmal geweint haben. Vielleicht hat Ihnen aber auch jemand berichtet, wie er sich gefühlt hat, als er traurig war. Wissen aus Erzählungen vermittelt jedoch kaum die intensive Vorstellung, die Sie vom Weinen haben, wenn Sie selbst bereits diese Erfahrung machen konnten. Haben Sie aber noch nie geweint, noch nie mit jemandem gesprochen, der geweint hat, werden Sie sich kaum in die andere, traurige Person einfühlen können.

Für die Kommunikation mit den Kindern ist es unabdingbar, dass Sie sich in deren Welt einfühlen können. Was ein Kind noch nicht mit Worten ausdrücken kann, können Sie sprachlich begleiten. Das Kind wird dann seine Zustimmung zu Ihrer Aussage geben oder nicht.

 ## DIE WELT MIT DEN AUGEN DER KINDER SEHEN

Beobachtendes Beschreiben: „Ich sehe, du baust gerade ein Haus." Als Frage an das Kind: „Was siehst du? Was ist das?"

Vermuten: „Ist das ein Hochhaus, das du hier baust?" Als Frage an das Kind: „Wie wird dein Haus werden? Wie soll es aussehen?"

Interpretieren: „Ich glaube, Du magst gerne große Häuser bauen." Als Frage an das Kind: „Wie ist es für dich, wenn du dieses große Haus baust?"

PRAXISBEISPIEL

Die vierjährige Laura fragt die Erzieherin: „Wann kommt die Mama?" Damit die Erzieherin das Bedürfnis von Laura hinter der Frage richtig verstehen und das Mädchen eine Erfahrung machen und selbst eine Antwort für sich finden kann, stellt sie folgende Fragen:

- Wann kommt deine Mama normalerweise?
- Kommt sie vor dem Mittagessen oder nach dem Mittagessen?
- Was hast du heute vor mit deiner Mama?
- Freust du dich schon, wenn die Mama dich abholt?
- Was möchtest du gerne machen, bis die Mama kommt?

Das Verhalten von der Person trennen

Eine Möglichkeit, auch in schwer nachzuvollziehenden Situationen wertschätzend im Gespräch zu bleiben, besteht darin, das Verhalten von der Person zu trennen. Damit ist gemeint: Sie können das Verhalten kritisieren, jedoch nicht die Person. Wenn Sie nämlich mit dem Verhalten nicht einverstanden sind, die Person als solche jedoch akzeptieren, wie sie ist, werden Sie in der Lage sein, den Dialog besser zu führen.

PRAXISBEISPIEL

In der Kita hängt eine Liste aus, in die die Eltern die Speisen eintragen können, die sie zum regelmäßig stattfindenden Büffet beisteuern möchten. Frau Müller macht davon nie Gebrauch, obwohl die Bezugserzieherin ihrer Tochter ihr schon mehrfach den Sinn der Liste erklärt und die Mutter bereits einmal zugesagt hatte, einen Kuchen mitzubringen. Die Erzieherin fühlt sich durch das Verhalten von Frau Müller verärgert.

ÜBUNG

Gehen Sie nach folgendem Schema vor:

1. Welches Verhalten stört die Erzieherin?
   Frau Müller beteiligt sich nicht am Büffet.

2. Fragen Sie sich dann, was das mit der Erzieherin zu tun haben könnte. Welchen Wert der Erzieherin verletzt Frau Müller mit ihrem Verhalten?
   Für die Erzieherin ist es vielleicht ganz wichtig, dass sie ihr Versprechen auch einhält, wenn sie etwas zusagt.
   Oder ist es ihr besonders wichtig, dass sich jeder an gemeinschaftlichen Aktivitäten beteiligt und dazu auch etwas beiträgt.

3. Was könnte die Erzieherin eventuell von Frau Müller lernen?
   Die Erzieherin fühlt sich möglicherweise manchmal überfordert, weil sie jemandem Hilfe zugesichert hat. Es könnte sie entspannen, wenn sie mit der anderen Person sprechen und auch einmal absagen oder vielleicht schon im Vorfeld Nein sagen würde.

Überlegen Sie nun, welches Verhalten Sie aktuell bei einer anderen Person ärgert, und beantworten Sie dazu die drei Fragen aus dem Beispiel mit Frau Müller. Es empfiehlt sich, die Überlegungen zu dieser Übung aufzuschreiben und dabei mit sich selbst absolut ehrlich zu sein.

Denn: Das Verhalten des anderen sagt immer etwas über ihn selbst aus. Wie Sie auf das Verhalten des anderen reagieren, hat immer mit Ihnen selbst zu tun.

5 Sich einlassen und verstehen: Das Aktive Zuhören

Gerade dem Zuhören wird in der Kommunikation oft eine viel zu geringe Bedeutung zugesprochen. Aufmerksames Zuhören scheint eine Kompetenz zu sein, die den meisten Menschen oft schwerfällt (Rogers 1983, S. 311).

Bitte überlegen Sie:
- Wie oft haben Sie schon die Antwort im Kopf, noch bevor der andere seinen Satz zu Ende gesprochen hat?
- Legen Sie sich bereits Ihre Argumente zurecht, bevor der andere sein Anliegen bis zum Ende vorgebracht hat?
- Haben Sie vielleicht Angst, dass Sie Ihre Argumente vergessen, bis der andere seine Ausführungen beendet hat?
- Sagen Sie Ihrem Gesprächspartner manchmal vorschnell, dass Sie ihn verstanden haben, und dabei nur darauf warten, an der Reihe zu sein?

Es ist fast unmöglich, sich einfühlsam auf den anderen einzulassen, wenn Sie mit den eigenen Gedanken vollauf beschäftigt sind. Das führt nur zu Missverständnissen:

Die Erzieherin, Frau H., thematisiert im Entwicklungsgespräch mit den Eltern eine geplante Sprachförderung für deren Tochter Lea. Am Ende des Gespräches bekräftigen die Eltern, dass sie in Zukunft Lea mehr Sprachanreize im Alltag bieten werden, da es ihnen sehr wichtig ist, dass ihre Tochter die deutsche Sprache gut beherrscht. Frau H. ist zufrieden, und die Eltern auch.

Wochen später stellt sich heraus, dass die Eltern Lea jeden Tag mehrere Stunden vor den Fernseher gesetzt haben, damit sie besser Deutsch lernt. Doch das war sicherlich nicht das, was sich die Erzieherin unter Sprachanreizen im Alltag vorgestellt hat. Vielmehr hatte Frau H. an Treffen mit Gleichaltrigen, Bücher vorlesen und mehr Gespräche zwischen den Eltern und Lea gedacht.

In diesem Beispiel hätte aktives Zuhören zu besserer Verständigung führen können. Denn: Das aktive Zuhören hat zum Ziel, dass der Empfänger die Mitteilung des Senders möglichst so entschlüsselt, dass die Bedeutung der Mitteilung übereinstimmt. Es kommt also das beim Empfänger an, was der Sender senden wollte. Das aktive Zuhören hat somit die Funktion einer Rückkoppelung und einer Vergewisserung. Schauen wir uns das Ganze einmal genauer an:

5.1 ZIELE UND ELEMENTE DES AKTIVEN ZUHÖRENS

Die wissenschaftlichen Wurzeln „aktiven Zuhörens" liegen in der klientenzentrierten Gesprächstherapie, die durch den amerikanischen Psychologen und Psychotherapeuten Carl Rogers (1902–1987) maßgeblich beeinflusst wurde. Nach Rogers bildet das aktive Zuhören die Grundlage für einen aufrichtigen Umgang zwischen Menschen.

Aktives Zuhören zielt darauf ab, den Gesprächspartner besser zu verstehen. Dafür braucht es die innere Bereitschaft, dem anderen zuzuhören. Es ist ausschlaggebend, sich auf den anderen einzulassen und ihm die volle Aufmerksamkeit zu schenken.

- -

AKTIVES ZUHÖREN

- fördert gegenseitiges Vertrauen und stärkt die Beziehung

- unterstützt den wertschätzenden Umgang miteinander

- fördert Empathie (siehe Seite 45)

- trägt dazu bei, Missverständnisse direkt auszuräumen

- dient als sofortiges Feedback (siehe Kapitel 7)

- hat den Vorteil, dass die Kommunikation sofort korrigiert werden kann, wenn die Mitteilung anders ankommt als gewünscht

- gibt dem Sender durch die Feedbackschleife die Gelegenheit, mehr über sich selbst zu erfahren

Beim aktiven Zuhören ist – wie der Name schon sagt – Grundvoraussetzung, dass Sie nicht passiv sind, sondern sich aktiv mit Ihrem Gesprächspartner auseinandersetzen.

 ## DREI WESENTLICHE ELEMENTE BILDEN DIE BASIS DES AKTIVEN ZUHÖRENS:

1. Die Grundhaltung ist empathisch und offen.

2. Die Gesprächsbeteiligten sind authentisch und treten kongruent auf.

3. Sie bringen ihrem Gesprächspartner Akzeptanz und Wertschätzung entgegen.

Aufmerksamkeit signalisieren

Aktives Zuhören bedeutet, dem Gegenüber das Gefühl zu vermitteln, dass Sie sich ernsthaft für ihn interessieren. Sie schenken ihm im Gespräch Ihre volle Aufmerksamkeit. Aufmerksamkeit kann auf unterschiedliche Weise signalisiert werden:
- Zeigen Sie Zustimmung, wenn Sie den anderen verstehen: „Ich verstehe", „Aha", „Ja" ...
- Fragen Sie nach, wenn etwas unklar ist: „Was genau meinen Sie damit?" „Wie meinen Sie das?"

- Sie halten sich mit Ihrer eigenen Meinung vorerst zurück und hören zu.
- Unterbrechen Sie den Sprechenden nicht, haben Sie Geduld und lassen Sie ihn ausreden

Auch nonverbale Signale vermitteln Aufmerksamkeit:
- Schauen Sie Ihren Gesprächspartner an.
- Nicken Sie mit dem Kopf, wenn Sie verstehen und zustimmen.
- Machen Sie sich Notizen, wenn die Gesprächssituation es zulässt.
- Die Körperhaltung ist zugewandt.
- Halten Sie Pausen im Gespräch aus und reden Sie nicht drauflos, sobald einmal Stille einkehrt. Gesprächspausen sind wichtige Denkpausen.

Nachfragen und paraphrasieren

Wenn es um echtes Verstehen gehen soll, ist der nächste Schritt, das Wahrgenommene mit Bedeutung zu füllen. Es wird entschlüsselt, was der Sender genau mitteilen möchte. Dazu dient das Paraphrasieren, bei dem es darum geht, dass der Empfänger die Nachricht prüft, indem er das Gesagte in eigenen Worten wiederholt. Der Zuhörer sichert sich auf diese Weise ab, dass er die Mitteilung richtig entschlüsselt und verstanden hat.

Durch das Paraphrasieren signalisieren Sie dem Sprecher Ihr echtes Interesse am Inhalt des Gespräches und dass Sie wirklich verstehen wollen. Weiter führt Paraphrasieren dazu, dass auch der Sprecher häufig das Gesagte noch einmal differenzierter und ausführlicher erzählt. Ein zusätzlicher Effekt besteht darin, dass die Beziehungsebene dadurch positiv beeinflusst wird: Der Gesprächspartner fühlt sich wertgeschätzt und spürt ein echtes Interesse.

PRAXISBEISPIEL

In der Kita erzählt Jonas ganz aufgeregt seiner Erzieherin: „In diesem Jahr feiere ich im Schwimmbad!"
Die Erzieherin fragt nach: „Was feierst Du denn im Schwimmbad?"
Jonas antwortet: „Meinen Geburtstag natürlich."
Die Erzieherin fasst zusammen: „Jetzt ist mir klar: Du wirst deinen Geburtstag in diesem Jahr im Schwimmbad feiern."
Jonas strahlt: „Ja! Mit denen hier" (zeigt auf seine drei Freunde an der Schaukel).

Verbalisieren

Beim Verbalisieren gehen Sie auf die emotionalen Botschaften des Gespräches ein. Sie geben mit eigenen Worten die vermutlichen Gefühle und Stimmungen des Gesprächspartners wieder. Achten Sie dabei auch auf die Zwischentöne. Nicht allein was gesagt wird, ist interessant, sondern auch, wie es gesagt wird. Damit sind der Tonfall, die Sprechweise und das Sprechtempo gemeint. Wichtig ist hier, dass es sich dabei allein um Ihre Wahrnehmung handelt und Sie deshalb auch bereit sind, Korrekturen und Widerspruch anzunehmen. Formulieren Sie zum Beispiel: „Ich habe den Eindruck, dass..." „Es kommt mir so vor, als ob...." „Ich habe das Gefühl, als ob..." Und nicht: „Sie sind aber verärgert" oder „Sie sind traurig".

PRAXISBEISPIEL

Jonas und seine Erzieherin haben sich im vorhergehenden Beispiel darüber unterhalten, dass er seinen Geburtstag in diesem Jahr im Schwimmbad feiern wird.
Die Erzieherin meint auf Jonas letzte Bemerkung: „Du scheinst dich sehr zu freuen, dass du deinen Geburtstag mit deinen Freunden im Schwimmbad verbringen wirst, oder?"

Die drei Methoden – Aufmerksamkeit signalisieren, Paraphrasieren und Verbalisieren – sind in der Realität in aller Regel nicht voneinander zu trennen, da sie in den gesamten Gesprächsprozess eingebunden sind.

ÜBUNG

Erinnern Sie sich an unser Beispiel, in dem die Eltern der Erzieherin versprechen, ihrer Tochter Lea mehr Sprachanreize im Alltag zu bieten (siehe Seite 49)? Stellen wir uns die Situation am Ende des Gespräches noch einmal genau vor:
Die Mutter sagt: „Wir werden Lea in Zukunft auf jeden Fall mehr Sprachanreize im Alltag bieten, damit sie gut Deutsch lernt."
Der Vater bekräftigt: „Ja, das ist uns ganz wichtig."
Die Erzieherin, die sich über die Bereitschaft freut, kommt erst einmal gar nicht auf die Idee, dass nicht unbedingt alle am Gespräch Beteiligten dasselbe unter „Sprachanreize im Alltag" verstehen, und verabschiedet sich: „Vielen Dank für dieses gute Gespräch. Ich freue mich, wenn wir uns in einigen Wochen wieder treffen und über die Fortschritte von Lea reden werden."

Bitte überlegen Sie nun, wie Sie anstelle der Erzieherin die Methoden des aktiven Zuhörens zumindest am Ende des Gespräches einsetzen könnten, damit Lea zusammen mit ihren Eltern Spaß am Deutschlernen hat und Fortschritte machen kann.

ÜBUNG

Die Übung soll die unterschiedlichen Qualitäten des „Zuhörens" erlebbar und spürbar machen. Sie wird zu zweit ausgeführt: A ist der Sprecher und B der Zuhörer. Drei Schritte werden bei dieser Übung durchlaufen, und bei jedem Schritt wird eine andere Art des Zuhörens gefordert.

Schritt 1:
- A erzählt B vom letzten Weihnachtsfest. Wie ist es verlaufen, wer war bei der Feier dabei, welche Traditionen gibt es? War das Fest friedlich, gab es Stress?
- B hört zu und gleicht dabei das Erzählte vor dem Hintergrund seiner eigenen Erfahrungen ab und interpretiert es. Welche Ansichten hat B zu diesem Thema? Was hätte B vielleicht anders gemacht als A? Was geht in B während der Erzählung vor? An was fühlt sich B erinnert, wenn er die Geschichte hört? Welche Empfehlung würde B an A vermitteln wollen?

Nach circa fünf Minuten tauschen A und B die Rollen.

Schritt 2:
- A erzählt B von einer Situation im Berufsalltag, die vor kurzem passiert ist. Was war an dieser Situation zufriedenstellend und was war weniger gut?
- B hört aufmerksam zu. Er ist an der Situation interessiert und lässt A ausreden. Anschließend stellt B Fragen, um Genaueres in Erfahrung zu bringen und den Sachverhalt besser zu verstehen. Was ist A besonders wichtig?

Nach circa fünf Minuten tauschen A und B die Rollen.

Schritt 3:
- A erzählt B von einer schwierigen Situation im beruflichen oder privaten Kontext, vor der er aktuell steht. Welche Gedanken gehen A durch den Kopf? Was ist schwierig daran? Was macht ihm Angst? Was wird A tun?

- B wendet das aktive Zuhören an und hört aufmerksam zu. Wenn A seine Erzählung beendet hat, fasst B das Gehörte zusammen und vergewissert sich, ob er richtig verstanden hat: „Habe ich richtig verstanden, dass ...“ „Wenn ich es richtig verstehe, dann ...“ „Ist es richtig, dass ...“

Nach circa fünf Minuten tauschen A und B die Rollen.

Reflektieren Sie anschließend, worin sich die drei Schritte unterschieden haben: Was war angenehm für Sie als Sprecher und als Zuhörer? Was war hilfreich? Was war störend? Was haben Sie gefühlt? Was haben Sie gelernt? Was machen Sie nun mit dem Gelernten?

5.2 Wahrnehmen und akzeptieren – Perspektivwechsel

Wenn Sie Ihren Gesprächspartner so wahrnehmen und akzeptieren, wie er ist, und nicht (be-)werten, können Sie seine Perspektive einnehmen und gelangen in sein inneres Bezugssystem. Mit dem inneren Bezugssystem meint Rogers (1983) die gesamte Perspektive, die Sicht von den Dingen und die Gefühlswelt der sich mitteilenden Person. Dazu gehört nicht nur das, was sichtbar und hörbar, also mit allen Sinnen wahrnehmbar ist, sondern auch das, was sich innerhalb der Person mit all ihren Werten, Normen, Erfahrungen abspielt.

PRAXISBEISPIEL

Die Erzieherin wird von Paulas Mutter angesprochen: „Paulas Vesper ist schon wieder nicht aufgegessen!"
Erzieherin: „Ihnen ist wichtig, dass Paula das Pausenbrot, das Sie ihr mitgeben, komplett aufisst? Ärgern Sie sich, wenn die Vesperdose nicht leer ist?"
Mutter: „Ja, ich mache mir Sorgen, dass Paula vor lauter Spielen das Essen vergisst und dadurch nicht genug versorgt ist."
Erzieherin: „Sie sind beunruhigt, dass Paula hungrig ist und das Essen einfach vergisst, weil sie durch das Spiel davon abgelenkt wird?"
Mutter: „Ganz genau. Immer wenn ich sie abhole, ist das erste, was Paula sagt, dass sie Hunger hat. Und wir müssen ja erst mal nach Hause kommen. Dann dauert es auch noch, bis ich gekocht habe."

Erzieherin: „Ärgern Sie sich, dass Paula hungrig ist, wenn Sie sie abholen, weil es Sie unter Druck setzt, schnell kochen zu müssen?"

Mutter: „Irgendwie schon."

Durch das aktive Zuhören wird dem Gesprächspartner die Freiheit und Möglichkeit geboten, seine Erfahrungen, seine Wahrnehmung neu zu erforschen. Gleichzeitig entdeckt er die Freiheit, an seinen Erfahrungen neue Bedeutungen und neue Ziele wahrzunehmen. In unserem Beispiel steht dann vielleicht nicht mehr die volle Vesperdose im Fokus, sondern Paula, die beim Abholen hungrig ist, wodurch ihre Mutter sich unter Druck gesetzt fühlt.

5.3 Vorteile des aktiven Zuhörens für Sender und Empfänger

Das aktive Zuhören hilft dem Sprecher, über sich selbst mehr zu erfahren und zu entdecken. Gleichzeitig bekommt der Zuhörer die Möglichkeit, den anderen ganz anders und die Situation weitaus besser zu verstehen.

VORTEILE DES AKTIVEN ZUHÖRENS FÜR DEN SPRECHER

- Gesteigerte Differenzierung im Wahrnehmungsfeld

- Bewusstmachen von Erfahrungen

- Sprachliche Ausdifferenzierung

- Werte werden klarer zum Ausdruck kommen

VORTEILE DES AKTIVEN ZUHÖRENS FÜR DEN ZUHÖRER

- Zeit, um seine Gedanken zu sortieren

- Möglichkeit, Argumente, Meinungen und Motive der Gesprächspartner zu sammeln, um sich ein besseres Bild von der Situation zu machen

Auch beim aktiven Zuhören stellt die wertschätzende Haltung (siehe Seite 41 ff.) die Grundlage dar. Wichtig ist, dass zumindest eine gewisse Offenheit zu Beginn jedes Gespräches vorhanden ist und die Beteiligten bereit sind, sich auf den anderen einzulassen und dadurch auch mehr Akzeptanz zu entwickeln.

PRAXISBEISPIEL

Die Erzieherin Nina und die Kita-Leitung unterhalten sich:
Leitung: „Nina, in der Arbeitszeitliste habe ich gesehen, dass du letzte Woche zwei Überstunden aufgeschrieben hast. Wie kommen sie zustande?"
Nina: „Bist du verwundert darüber, dass ich die Überstunden gemacht habe?"
Leitung: Ich möchte den Grund dafür einordnen können, damit ich für die weitere Planung einen Überblick habe."
Nina: „Ich habe mehrere Entwicklungsgespräche vorbereitet, weil ich diese Woche nicht dazu komme."
Leitung: „Prima, danke. Dann weiß ich Bescheid und kann dich für den Elternabend nächsten Monat auch einplanen."

Wenn Nina die Frage der Leitung als Angriff gewertet hätte und nicht offen für die Situation gewesen wäre, dann hätte das Gespräch einen anderen Verlauf genommen. Womöglich wäre es zu einer unangenehmen Situation gekommen oder zu einem schlechten Gefühl bei Nina, weil sie sich selbst infrage gestellt hätte. Aktives Zuhören bedeutet nicht, die Meinung des anderen annehmen zu müssen, sondern seine Ansichten zu respektieren und sich auf ihn einzulassen.

ÜBUNG

Wenn Sie das nächste Mal mit einer Ihnen vertrauten Person über die Arbeit, Hobby oder Urlaub sprechen, hören Sie ganz bewusst aktiv zu. Beobachten Sie, was passiert, und fragen Sie anschließend, wie Ihr Gegenüber das Gespräch empfunden hat. Eine bewusste Gesprächsführung im Alltag wird Sie unterstützen, Ihre Gesprächskompetenzen auszubauen und auch im professionellen Kontext gut einzusetzen.

6 Eigene Gedanken mitteilen: Die Ich-Botschaft

Immer wieder kommt es in der Kommunikation zu Missverständnissen und zu Situationen, in denen sich beide Gesprächspartner nicht nur unverstanden fühlen, sondern auch verletzt und angegriffen. Kennen Sie solche Gespräche? Und warum kommt es immer wieder zu solchen Auseinandersetzungen?

Der Grund liegt oft in einer ungünstigen Formulierung des Gesprächsinhalts. Sie wollen in der Regel Ihren Gesprächspartner nicht verärgern oder wütend machen. Doch weil Sie das Bedürfnis haben, das, was Ihnen am Herzen liegt, mitzuteilen und auf das Verhalten des anderen einzuwirken, werden häufig **Du-Botschaften** formuliert:

- Das hast du nicht richtig gemacht.
- So kannst du das nicht machen.
- Das müsstest du eigentlich wissen.

Diese Art der Formulierung führt jedoch meist zu einem gegenteiligen Ergebnis und nicht zu einer Korrektur des Verhaltens oder dem Einsehen eines „vermeintlichen Fehlers". Der andere fühlt sich kritisiert oder sogar angegriffen. Und wer sich angegriffen fühlt, hat entweder den inneren Impuls, sich zu verteidigen, oder zieht sich komplett zurück. Die wenigsten Menschen mögen es, vorgeschrieben zu bekommen, wie sie sich zu verhalten haben.

Die Kita-Leitung sagt folgende Sätze zu Ihnen:

- Du bist einfach nicht einfühlsam genug!
- So, wie du mit den Kindern umgehst, ist es kein Wunder, dass der Morgenkreis nicht klappt!
- Am besten machst du baldmöglichst eine Fortbildung zum Thema Kommunikation.
- Immer muss man auf dich warten.

Wie fühlen Sie sich, wenn Sie diese Sätze auf sich wirken lassen? Welchen spontanen Impuls haben Sie, darauf zu antworten?

Wie gehen Sie mit solchen Du-Botschaften um? Haben Sie den Impuls gespürt, sich am liebsten verteidigen und Ihre Sicht der Dinge aufzeigen zu wollen? Oder würden Sie am liebsten wegrennen? Was ist Ihre spontane Art zu antworten? Wenn Sie darüber nachdenken und sich Ihre Reaktion bewusst machen, wird es Ihnen im nächsten Gespräch einfacher fallen, ein negatives Muster zu durchbrechen. Manchmal macht es Sinn, das Gespräch zu beenden oder zu verschieben, wenn Sie merken, dass Sie in einer Sackgasse stecken.

Bei diesen Du-Botschaften handelt es sich auch oft um generalisierende Formulierungen („**Immer** muss man auf dich warten!"), die so schon nicht stimmen können. Sie kommen uns leichter über die Lippen, weil sie das bestimmte (nicht gewünschte) Verhalten in den Vordergrund stellen. Die Person als solche wird – durch das Wort „immer" – darauf reduziert, dass sie unpünktlich ist. Zu solchen verallgemeinernden Begriffen zählen: immer, nie, jeder, man, keiner, niemand, alles, nichts, überall, andauernd etc. Diese Generalisierungen, verbunden mit einer Du-Botschaft, wirken verstärkt kommunikationshemmend.

ÜBUNG

Achten Sie in einem Ihrer nächsten Gespräche bewusst auf Verallgemeinerungen, die Sie und Ihr Gesprächspartner formulieren. Wie könnten Sie sich anders ausdrücken? Wie verändert sich die Situation, wenn Sie die Aussage anders formulieren?
Probieren Sie es aus, durch folgende Fragen Generalisierungen entgegenzuwirken:

- Wirklich immer? Wirklich niemals? Wirklich jeder?
- Alle? Gar nichts? Alles?
- Ist das immer so?
- Gibt es Ausnahmen?

Wenn Sie das Ziel haben, dass Ihr Gesprächspartner Sie anhört, ernstnimmt und über die Folgen seines Handelns nachdenkt, empfiehlt sich eine andere Form der Kommunikation.

6.1 ICH-BOTSCHAFTEN FORMULIEREN

Eine der wirksamsten Methoden für achtsames Formulieren und besseres Verständnis untereinander sind die sogenannten „Ich-Botschaften". Ursprünglich stammt der Begriff der Ich-Botschaften (engl. I-Message) von dem amerikanischen Psychologen Thomas Gordon und ist inzwischen eine weit verbreitete Methode, die aus der Gesprächsführung nicht mehr wegzudenken ist.

Während bei der Du-Botschaft vor allem der andere mit seinem Fehlverhalten im Fokus steht, wird bei der Ich-Botschaft die Selbstoffenbarungsseite des Sprechers zum Ausdruck gebracht. Die eigene Wahrnehmung des Sprechers bildet den Kern einer Ich-Botschaft. Durch die Ich-Botschaften erfahren Sie, wie Ihr Gesprächspartner die Welt mit seinen Augen sieht und für sich bewertet.

ICH BOTSCHAFTEN

- dienen dazu, mitzuteilen, wie das Verhalten des anderen auf Sie wirkt

- benennen das „problematische" Verhalten, jedoch ohne Angriff und Beschuldigung

- begründen, warum das Verhalten bei Ihnen eine bestimmte Wirkung hat und laden dadurch zu einem weiteren Gespräch auf Augenhöhe ein

- enthalten keine negativen Bewertungen der anderen Person und halten die Beziehung zwischen den Gesprächspartnern stabil

- fördern die Bereitschaft zur Veränderung

- zeigen das eigene Problem auf und nicht das Problem der anderen Person

---

6.2 ELEMENTE EINER ICH-BOTSCHAFT

Eine Ich-Botschaft ist eine Form der Rückmeldung, die genau beschreibt, um welches konkrete Verhalten es sich handelt, und vor allem, welche Gefühle und welche Wirkung das Verhalten auf den Sprecher hat (Bröder 2014). Nach Gordon gliedert sich eine Ich-Botschaft in drei Elemente:

1. **Wahrnehmung:** Das Verhalten, das Sie stört bzw. Ihnen gefällt, wird beschreiben. Es ist wichtig, dass Sie wertfrei das wiedergeben, was Sie sehen und hören. Hier geht es um die wertfreie Beobachtung.

2. **Wirkung:** Welche konkrete Auswirkung hat das Verhalten auf Sie, und welche Konsequenzen hat das Verhalten im Alltag? Auch hier geht es um die wertfreie Beschreibung. Was passiert konkret, wenn die Person sich so verhält?

3. **Gefühl:** Welches Gefühl ruft das Verhalten bei Ihnen hervor? Das ist jetzt sehr persönlich, denn Sie lassen den anderen in Ihre Seele schauen. Sie zeigen sich als Mensch mit seinen Gefühlen und Bedürfnissen.

Ergänzt wird hier noch das Element **Wunsch**: Welches Verhalten wünschen Sie sich von Ihrem Gesprächspartner? Dieser Schritt ist wichtig, damit Ihr Gegenüber konkret weiß, was Sie von ihm erwarten. Gerade in Bezug auf Professionalität ist dieser Schritt nicht wegzudenken. Dabei muss das gewünschte Verhalten aber konkret benannt werden und keinen Interpretationsspielraum zulassen.

PRAXISBEISPIEL

Die Kollegin, Frau Rhein, ist zum dritten Mal in Folge zu einer Teamsitzung um etwa zehn Minuten zu spät gekommen. Weil Frau Rhein über das Thema zu Beginn der Sitzung nachinformiert werden musste, dauert der Termin schließlich länger als geplant. Die Leitung ist verärgert, weil sie großen Wert auf Pünktlichkeit legt:

1. **Wahrnehmung:** „Mir ist aufgefallen, dass du zum dritten Mal in Folge zur Teamsitzung zehn Minuten zu spät gekommen bist."

2. **Wirkung:** „Dadurch kam es in diesen Sitzungen zu Unterbrechungen, und wir konnten den Termin nicht pünktlich beenden."

3. **Gefühl und Bedürfnis:** „Das ärgert mich (Gefühl), weil ich nach dem langen Arbeitstag für alle pünktlich die Sitzung beenden möchte und mir Pünktlichkeit wichtig (Bedürfnis) ist."

4. **Wunsch:** „Bitte halte dich an die zeitlichen Absprachen, die wir gemeinsam festgelegt haben."

Die Ich-Botschaft könnte dann lauten: „Ich möchte dich bitten, dich an die zeitlichen Absprachen für die Teamsitzung zu halten. Mir ist aufgefallen, dass du zu den letzten drei Sitzungen jeweils zehn Minuten zu spät gekommen bist, wodurch es zu Verzögerungen kam und der Termin später beendet wurde. Das ärgert mich, denn mein Wunsch ist es, dass wir alle nach so einem langen Tag wie vereinbart nach Hause kommen, und mir Absprachen wie Pünktlichkeit sehr wichtig sind."

Wenn Sie ein Verhalten kritisieren (müssen), empfiehlt es sich, folgende Regeln zu beachten:
- Stellen Sie niemals die Person infrage, sondern nur das Verhalten.
- Kritisieren Sie immer zeitnah und möglichst nur ein einzelnes Verhalten.
- Wenn das Kritikgespräch vorbei ist, ist es vorbei. Vermischen Sie die aktuelle Situation nicht mit früheren Begebenheiten.
- Kritisieren Sie situationsabhängig und angemessen. Wenn Sie sich ärgern, wirkt es inkongruent, wenn Sie die Kritik in überaus freundlichem Tonfall vorbringen. Andererseits ist es nicht angebracht, Ihre ganze momentane Wut frei herauszulassen und den anderen damit zu überfahren. Finden Sie für sich ein gutes Mittelmaß.

ÜBUNG

Bitte formulieren Sie die folgenden Du-Botschaften in Ich-Botschaften um:

1. Ständig unterbrichst du mich! Kannst du nicht einfach mal zuhören?

2. Jetzt bleib doch beim Essen ruhig sitzen und hör auf mit diesem Stuhlwippen.

3. Du ärgerst dauernd die anderen Kinder. Irgendwann wird gar keiner mehr mit dir spielen wollen.

4. Sie müssen Leon endlich eine Matschhose mitgeben, sonst kann er nicht mit in den Wald.

5. Konzentrier dich doch auf deine Sachen. Ich mache meine Arbeit immer selbst und weiß, was zu tun ist.

6. Ständig springe ich für dich ein, und wenn ich einmal deine Hilfe brauche, interessiert es dich nicht.

7. Sie haben sich noch nie in die Büffetliste eingetragen, und wenn es alle so machen würden, müssten wir das Ganze abschaffen.

8. Wie sieht das denn aus, wenn du ständig in dein Handy sprichst? Was macht das denn für einen Eindruck bei den Eltern? Das geht ja gar nicht.

9. Deine Unpünktlichkeit werde ich nicht mehr dulden, und es gibt eine schriftliche Abmahnung. Mir reicht es jetzt.

10. Immer meckerst du rum. Nichts kann man dir recht machen. Lass uns das doch einfach mal ausprobieren, anstatt ständig nur zu maulen.

Beispielhaft sind hier mögliche Lösungen zur Formulierung der Ich-Botschaften zusammengefasst:

1. Ich habe gemerkt, dass du mich einige Male in unserem Gespräch unterbrochen hast. Das verunsichert mich, ich komme immer wieder heraus aus dem Thema. Würdest du mir bitte sagen, ob du meine Sichtweise gerne hören möchtest?

2. Ich merke, dass du beim Essen mit dem Stuhl hin und her wippst. Ich habe Angst, dass du herunterfällst und dir wehtust. Und dann kann auch noch der Stuhl kaputtgehen, was mir nicht gefallen würde. Bitte lass den Stuhl stehen, und wenn du mit dem Essen fertig bist, kannst du später auf die Wippe. Was meinst du?

3. Schau, der Turm ist kaputt. Paul und Lisa, die ihn aufgebaut haben, ärgern sich, dass du ihn schon drei Mal umgestoßen hast. Ich befürchte, sie wollen nicht mit dir weiterspielen, wenn du das noch einmal machst. Was meinst du?

4. Das Wetter wird zunehmend kalt und nass, und ich befürchte, dass Leon nicht nur schmutzig wird, sondern auch krank, wenn er keine ausreichend warme Kleidung hat. Bitte bringen Sie diese Woche eine Matschhose für Leon mit, damit er mit uns in den Wald gehen kann. Er geht ja so gerne hin.

5. Mir ist aufgefallen, dass du mir diese Woche mehrmals gesagt, was ich zu tun habe – wann ich aufräumen soll, wie ich aufräumen soll und dass ich Frau Müller anrufen soll. Ich merke, dass ich mich darüber langsam ärgere, weil ich das Gefühl habe, du traust mir nicht zu, an die vereinbarten Aufgaben selbst zu denken. Ich wünsche mir, dass du mir den Freiraum gibst, zu entscheiden, wie ich meine Aufgaben erledige.

6. Die letzten Male, als du mich gefragt hast, ob ich für dich einspringe, habe ich gerne deine Schicht übernommen. Ich weiß, wie wichtig es für dich war. Jetzt bin ich wirklich in Zeitnot, und du sagst Nein. Ich merke, dass mich das verletzt und traurig macht, denn es ist mir wichtig, dass wir füreinander da sind. Könnten wir bitte zusammen schauen, ob es nicht doch eine Möglichkeit gibt, wie wir das gemeinsam lösen können?

7. Wir organisieren regelmäßig alle zwei Wochen das Frühstücksbüffet für alle Kinder. Das lebt davon, dass Eltern sich in die Liste eintragen und dann die angegebenen Lebensmittel mitbringen. Sonst könnten wir es nicht machen. Mir ist aufgefallen, dass Sie sich bis jetzt noch nicht in die Liste eingetragen haben, und ich frage mich, warum. Darf ich fragen, was der Grund ist, und ob Sie es einrichten könnten, zu unserem Büffet etwas beizutragen?

8. Als ich gerade zur Tür hereinkam, habe ich gesehen, dass du am Handy warst. Gerade jetzt bringt die Mehrzahl der Eltern ihre Kinder. Auf mich machte es keinen guten Eindruck, dass du telefoniert hast. Ich habe mich nicht beachtet gefühlt. Kannst du bitte dein Handy während der Öffnungszeit des Kindergartens nur in der Pause nutzen?

9. Du bist heute 15 Minuten zu spät gekommen. Ich bin jetzt wirklich verärgert, weil wir bereits mehrfach über das Thema Pünktlichkeit gesprochen haben und ich mich auf dich verlassen können muss. Ich werde das jetzt schriftlich notieren und bitte dich, zukünftig pünktlich zu sein. Sollte es noch einmal vorkommen, wird es eine schriftliche Abmahnung geben.

10. Jetzt habe ich dir mehrfach eine Idee vorgeschlagen, wie wir unseren Raum dekorieren könnten. Egal, was ich sagte, es hat dir nicht gefallen. Ich weiß ehrlich gesagt nicht mehr weiter, und mir vergeht langsam die Lust, weiter nach Ideen zu suchen. Ich wünsche mir, dass du einfach mit mir zusammen eine Idee ausprobierst oder eine Lösung vorschlägst, wie wir es machen. Ich möchte jetzt einfach mal loslegen.

PSEUDO-ICH-BOTSCHAFTEN

Nur weil eine Nachricht mit „Ich" beginnt, ist sie jedoch noch keine Ich-Botschaft. Es kann sich immer noch um eine Du-Botschaft handeln, die nur „geschönt" formuliert wird und nichts mit den Gefühlen und dem Bedürfnis des Senders zu tun hat.
Hier einige Beispiele für Pseudo-Ich-Botschaften:

● Ich zumindest vermittle den Kindern klare Regeln → kann heißen: Sie sollten den Kindern klare Regeln vermitteln.

● Ich finde, dass jeder hier mehr Wert auf Pünktlichkeit legen sollte → kann heißen: Sie sollten pünktlich sein!

● Ich fühle mich nicht verstanden → kann heißen: Sie haben mich nicht verstanden.

6.3 MIT ICH-BOTSCHAFTEN KONFLIKTE ENTSPANNEN

Jedem kann es einmal passieren, dass er sich im Ton vergreift oder seine Aussage anders als beabsichtigt beim anderen ankommt. Wichtig ist, dann nicht einfach weiterzumachen als wäre nichts gewesen, sondern sich zu korrigieren und zu entschuldigen.

Mit einem „Sie haben mich falsch verstanden" ist es jedoch nicht getan und kann die Situationen sogar noch verschlimmern. Hier einige passendere Formulierungen:

● Ich habe mich nicht klar genug ausgedrückt. Bitte entschuldigen Sie.
● Entschuldigen Sie bitte, ich habe mich im Ton vergriffen.
● Es tut mir leid, ich habe da einen Fehler gemacht.
● Das war nicht sehr freundlich von mir, bitte entschuldigen Sie.

Sich zu entschuldigen, wenn Sie merken, dass Sie in der Kommunikation einen Fehler gemacht haben, ist eine große Stärke und macht Sie sympathisch. Alle Menschen machen „Fehler", und wichtig ist, das zu erkennen und dann anzusprechen.

Ich-Botschaften sind ein hervorragendes Werkzeug, um Konflikte oder andere schwierige Situationen zu entspannen. Sie wirken deeskalierend, weil Sie auf diese Weise Ihrem Gesprächspartner Ihre subjektive Sicht der Dinge darlegen. Somit hat Ihr Gegenüber dann auch die Chance, Ihre Perspektive einzunehmen. Durch die wertfreie Beschreibung der Situation und die Schilderung der Auswirkungen allein auf Sie selbst, eröffnen Sie dem anderen eine neue Sicht. Und er wird eingeladen, diese Sicht für sich zu überprüfen.

ICH-BOTSCHAFTEN

- sind spezifisch – ein Auslöser des Problems wird konkret beschrieben

- beschreiben Tatsachen

- sind persönlich – die Gefühle werden genannt, die das Verhalten ausgelöst hat

- sind kein Angriff, der eine Verteidigung nach sich zieht

- sind kein Auftakt zum Streit, weil niemand beweisen muss, dass er Recht hat – es geht nicht ums Rechthaben

- tragen zur Kommunikation auf Augenhöhe bei – der Kritisierte erfährt etwas über die Bedürfnisse des Kritikers; der Kritiker stellt sich nicht über den Kritisierten

Ich-Botschaften sind natürlich keine Allheilmittel und brauchen die gegenseitige Wertschätzung als Basis. Aber die Wahrscheinlichkeit, dass sie deeskalierend wirken, ist sehr hoch im Gegensatz zu Du-Botschaften, die eher eine abwehrende Haltung beim Gesprächspartner hervorrufen können.

Und bedenken Sie: Die Art, wie Sie kommunizieren, sollte zu Ihnen passen. Wichtig ist vor allem, dass Sie die wertfreie Beobachtung einüben. Das ist bereits ein großer Schritt, der Wunder beim gegenseitigen Verstehen bewirken kann.

ÜBUNG

Denken Sie an ein Verhalten einer Ihnen bekannten Person, das Sie ärgert oder geärgert hat. Formulieren Sie spontan dazu eine Du-Botschaft und schreiben Sie sie auf:

_____

_____

Formulieren Sie nun diese Aussage in eine Ich-Botschaft um und beziehen Sie dabei alle vier Ebenen (siehe Seite 15 f.) mit ein:

1. _____

_____

2. _____

_____

3. _____

_____

4. _____

_____

ÜBUNG

Diese Übung ist gut für eine Teamsitzung geeignet:

1. Bestimmen Sie zuerst, wer von Ihnen die Rolle von A und wer die von B übernimmt.

2. A formuliert nun seine Du-Botschaft an B, der sie anschließend auf sich wirken lässt.

3. A formuliert jetzt seine Ich-Botschaft an B, der sie wiederum auf sich wirken lässt.

4. B gibt A ein Feedback, wie die erste und dann die zweite Aussage auf ihn gewirkt haben.

5. A und B tauschen sich anschließend aus über die Wirkung der beiden Botschaften aus und wie sie sich dabei gefühlt haben.

6. A und B tauschen die Rollen, oder das nächste Paar aus A und B beginnt nun mit der Übung.

ÜBUNG

Teilen Sie sich wieder in die Rollen von A und B auf:

1. A und B überlegen zuerst für sich, über welches Verhalten eines Kindes sie sich in der Kita in der letzten Zeit geärgert haben. Abwechselnd erzählen sie sich diese Situation.

2. A formuliert eine Ich-Botschaft an das Kind, von dem B sich herausgefordert fühlt.

3. B formuliert eine Ich-Botschaft an das Kind, von dem A sich herausgefordert fühlt.

4. A schlüpft nun in die Rolle des Kindes, und B spricht die Ich-Botschaft aus.

5. Anschließend schlüpft B in die Rolle des Kindes, und A spricht die Ich-Botschaft aus.

Wie kam diese Nachricht jeweils bei A und B an? Wie haben sie sich in der Rolle des Kindes gefühlt? Haben sie sich verstanden gefühlt? Wenn nicht, dann überlegen A und B gemeinsam, wie die Formulierung verändert werden könnte, und wenden jeweils die Ich-Botschaft mit verändertem Text an, bis es sich stimmig anfühlt.
Zum Schluss lautet die Frage: Was davon können wir in den Alltag mitnehmen?

7 (Positive) Rückmeldung: Das Feedback

Feedback bedeutet Rückkoppelung, Rückinformation, Rückmeldung. Das, was Sie senden – verbal oder nonverbal –, hat eine Wirkung auf Ihr Umfeld. Und die Reaktion, die Sie daraufhin erhalten, ist Ihr Feedback. Es gibt wieder, wie der Empfänger Ihre Nachricht wahrgenommen und diese verstanden hat. Auch keine Reaktion ist ein Feedback.

PRAXISBEISPIEL

Das Kita-Team plant über mehrere Wochen ein großes Sommerfest. Alle freuen sich sehr darauf, und als letzter Schritt gehen jetzt die Einladungen an die Eltern. Die Informationen werden in schriftlicher Form als Elternbrief verschickt, zusätzlich dazu gibt es einen Aushang an der Eingangstür der Kita. Zum Fest kommen jedoch nur rund 20 Prozent aller Eltern. Das Team ist enttäuscht, weil es mit viel mehr Besuchern aus der Elternschaft gerechnet und sehr viel Zeit in die Vorbereitung investiert hat.

Die (unerwartet) geringe Beteiligung ist das Feedback auf die Art und Weise der Einladung sowie die Berücksichtigung der Interessen und Bedarfe der Eltern. Die Frage ist nun: Wie geht das Team mit dieser Rückmeldung um? Es wird im positiven Fall folgende Überlegungen anstellen:

- Was ist eine mögliche Erklärung, dass so wenige Eltern gekommen sind?
- Wie können wir die Eltern erreichen, die nicht dabei waren?
- Was brauchen diese Eltern?
- Welche Art der Einladung könnte die Eltern besser ansprechen?

- Wie stellen wir sicher, dass die Bedarfe und Interessen der Eltern in unsere Planungen miteinfließen?
- Was sollten wir bei der nächsten Planung bedenken?

In diesem Kapitel geht es darum, wie wichtig es ist, mit Feedback zu arbeiten, und worauf dabei zu achten ist. Denn: (Positive) Rückmeldungen bringen Sie und Ihr Umfeld weiter.

7.1 WARUM GERADE POSITIVES FEEDBACK SO WICHTIG IST

Feedback bedeutet, dass Sie von einer anderen Person Informationen darüber bekommen, wie Ihr Verhalten auf sie wirkt. Damit können Sie Ihre Selbstwahrnehmung systematisch mit der Fremdwahrnehmung abgleichen und wichtige Erkenntnisse gewinnen. Ist die Wirkung auf andere, wie Sie es sich wünschen und einschätzen oder weicht sie erheblich davon ab? Feedback ist eine Bereicherung und eine Einladung zur Selbstreflexion.

Feedback ist auch ein wichtiger Faktor bei der Teamentwicklung. Störungen und Konflikte werden normalerweise in Teams gut bearbeitet, weil sie schnell auffallen und in irgendeiner Form den Betrieb stören. Positive Rückmeldungen sind – wie andernorts auch – eher selten. Die Annahme, wenn alles gut läuft, müssen die Leistungen nicht extra angesprochen werden, ist für die Zusammenarbeit jedoch nicht förderlich.

Positive Rückmeldungen spielen für Motivation und Weiterentwicklung eine große Rolle. Feedback geben und annehmen fördert Vertrauen und Offenheit. Wird in Teams regelmäßig positives wie auch negatives Feedback gegeben, ist die Wahrscheinlichkeit hoch, dass alle Themen angesprochen und offen kommuniziert werden können. Beziehungen zwischen Personen können aufgrund von regelmäßigem Feedback geklärt werden, und das gegenseitige Verständnis wird gefördert.

Bitte überlegen Sie:
- Wann haben Sie zuletzt einer Kollegin, einer Mutter, einem Vater, einem Kind positives Feedback gegeben?
- Wie ging es Ihnen dabei?
- Wie hat die betreffende Person auf Ihr Feedback reagiert?

Gerade durch positives Feedback erfahren Sie von anderen etwas über Ihre Stärken. Vielleicht kennen Sie Ihre Stärken schon recht gut, doch Feedback hilft, sie weiter auszubauen und sich ihrer noch bewusster zu sein. Werden Sie bestätigt in dem, was Sie tun, tun Sie es gerne und fühlen sich sicher dabei.

Positive Rückmeldung können Sie trainieren, indem Sie regelmäßig Ihre Aufmerksamkeit auf das, was (Ihnen) gelingt, richten. Probieren Sie es aus:

ÜBUNG

Beantworten Sie am Ende des Tages, am besten schriftlich, folgende Fragen:
● Worüber habe ich mich heute gefreut?
● Was konkret habe ich dazu beigetragen, dass es eine positive Erfahrung war?
● Was kann ich zukünftig tun, um noch weitere solcher positiven Erfahrungen zu machen?

Machen Sie diese Übung 14 Tage am Stück. Es wird Ihnen am Anfang vielleicht etwas seltsam vorkommen, und Sie werden immer wieder das Gleiche schreiben. Doch mit der Zeit werden Sie bewusster mit Ihren positiven Erfahrungen umgehen, und es werden Ihnen immer mehr Dinge auffallen, worüber Sie sich freuen.

7.2 POSITIVE RÜCKMELDUNG GEBEN

Positive Rückmeldungen helfen dabei, Menschen zu fördern und zu ermutigen. Beim Loben ist es wichtig, dass Sie konkret die Stärke benennen, die sich im Verhalten gezeigt hat. „Das haben Sie toll gemacht!" – solch ein Satz wird keine besondere Bedeutung haben, denn es steckt zu wenig Greifbares dahinter.

 ### POSITIVES FEEDBACK IN VIER SCHRITTEN

1. Benennen Sie konkret die Stärke, die Sie am anderen wahrgenommen haben – zum Beispiel: „Mir gefällt es so gut, wie du mit den Kindern umgehst."

2. Schildern Sie, wo und wann Ihnen diese Stärke aufgefallen ist und wie sie sich in der konkreten Situation gezeigt hat – zum Beispiel: „Als du letzte Woche den Morgenkreis

zum Thema Herbst gemacht hast, hast du alle Kinder beteiligt, indem du ihre Themen aufgegriffen hast. Als Sebastian unbedingt ein Lied dazu singen wollte, hast du die Kinder gefragt, ob das für sie alle auch in Ordnung ist, und hast dich voll auf die Gruppe eingelassen."

3. Erwähnen Sie, warum Ihnen diese Stärke besonders gut gefällt: „Ich schätze das besonders, weil ich sehe, wie sich die Kinder freuen und zufrieden sind, wenn Sie mit dir zusammen sind. Diese Einfühlsamkeit hätte ich manchmal gerne."

4. Ermutigen Sie Ihr Gegenüber – zum Beispiel: „Mach weiter so, das ist super."

ÜBUNG

Denken Sie an ein Kind, das Sie im Alltag immer wieder herausfordert. Überlegen Sie, welche Stärke(n) dieses Kind hat. Was kann es besonders gut?

Schreiben Sie ein positives Feedback in vier Schritten dazu auf und teilen Sie es dem Kind bei nächster Gelegenheit mit. Achten Sie darauf, wie das Kind reagiert.

Wem möchten Sie noch eine positive Rückmeldung geben? Gehen Sie nach demselben Schema vor.

REGELN FÜR DEN FEEDBACKGEBER

● Geben Sie Feedback, wenn der andere dafür offen und bereit ist. Fragen Sie, ob Sie eine Rückmeldung geben dürfen. Akzeptieren Sie es, wenn die Antwort „Nein" lautet. Wenn es sich bei Ihrem Feedback und etwas Wichtiges für den funktionierenden Ablauf in der Kita handelt, fragen Sie, wann der richtige Zeitpunkt für Ihr Feedback ist, und erläutern Sie, warum die Rückmeldung so dringend ist – zum Beispiel: „Kannst du mir bitte sagen, wann es für dich passt? Es ist wichtig für die nächsten Planungen, die wir miteinander machen."

● Formulieren Sie Ihr Feedback so konkret wie möglich. Der Feedbacknehmer sollte genau erfahren, an welchem Verhalten Sie die Rückmeldung festmachen. Beschreiben Sie das konkrete Verhalten und die Situation.

- Formulieren Sie Ihre Aussage als persönliche Wahrnehmung und nicht als unumstößliche Wahrheit. Wenn Sie Vermutungen äußern, sagen Sie auch, dass es sich um Vermutungen handelt.

- Analysieren Sie den Feedbacknehmer nicht. Machen Sie deutlich, dass es sich bei der Rückmeldung um Ihren subjektiven Eindruck handelt.

- Geben Sie Ihr Feedback möglichst zeitnah. Der Feedbackgeber sollte sich an die Situation noch erinnern können.

- Formulieren Sie in der Ich-Form und nutzen Sie die Ich-Botschaften (siehe Seite 59 ff.).

Feedback als Ich-Botschaft

Die Ich-Botschaft – Sie kennen sie aus dem vorhergehenden Kapitel – ist gleichzeitig eine Methode, um konkretes Feedback zu geben. Hier eine einfache Vorlage, wie Sie die Ich-Botschaft als Feedback verwenden können:

Wenn du ... (Verhalten nennen) machst, dann passiert (Auswirkung nennen), und es geht mir dabei (Gefühl benennen). Ich wünsche mir, dass (Erwartung formulieren).

ÜBUNG

Welches Gespräch steht Ihnen demnächst bevor? Bereiten Sie dieses Gespräch mit zwei Kolleginnen anhand des Vorbereitungsleitfadens (siehe Seite 36 f.) vor. Gehen Sie dann mit einer Kollegin in ein Rollenspiel und führen Sie das Gespräch. Die zweite Kollegin hat die Aufgabe, Sie dabei zu beobachten und Ihnen dann ein qualifiziertes Feedback zu geben.
Die Beobachterin macht sich Notizen zu folgenden Punkten:
- Was sehe und was höre ich (Beschreibende Beobachtung)?
- Was gefällt mir gut und warum?
- Wie wirkt das Gesehene und Gehörte auf mich?
- Was würde ich mir (anders) wünschen? Worin besteht die Lernchance für meine Kollegin?

7.3 Mit positivem Feedback umgehen

PRAXISBEISPIEL

Frau Wald mach ihrer Nachbarin ein Kompliment: „Das ist aber ein schöner Pullover, den du heute anhast."
Nachbarin: „Ach, der ist ja schon viele Jahre alt."

Frau Huber macht ihrer Kollegin ein Kompliment: „Das ist aber ein schöner Pullover, den du heute anhast."
Kollegin: „Dein Pullover ist aber auch sehr schön."

Warum ist es so schwer, Komplimente oder Lob anzunehmen? Es liegt wohl daran, dass in unserer Kultur einfach zu wenig gelobt wird und der Umgang mit Lob nicht gelernt wurde. Vielleicht haben Sie den Satz auch schon mal gehört: „Eigenlob stinkt." Glauben Sie, dass das stimmt?

Eine der schwierigsten Aufgaben, die ich den Teilnehmerinnen und Teilnehmern in meinen Seminaren stelle, ist die Benennung ihrer Stärken:

ÜBUNG

Die Übung ist angelehnt an die Tripel-Übung von Ben Fuhrmann (Röhrig 2016, S. 101 ff.). Sie eignet sich gut für eine Teamsitzung oder einen Elternabend, zum Beispiel zu den Themen Stärken stärken, Resilienz, Kommunikation, Feedback.
   Wieder entscheiden Sie sich zu Beginn, wer die Rolle A und wer die Rolle B übernimmt: A ist der Fragesteller, und B spricht über Erfolge.

- A bittet B, ihm etwas Positives aus seinem Alltag zu erzählen: „Erzähl mir etwas, das dir vor kurzem gut gelungen ist, es kann etwas Berufliches oder Privates sein."
- B berichtet kurz über etwas, worauf er stolz ist, zum Beispiel die Steuererklärung erledigt, sich Zeit für sich genommen und spazieren gegangen, für die ganze Familie gekocht…

- A antwortet in drei Schritten:
  - Er zeigt Erstaunen und Begeisterung über das Erreichte: „Wie schön! Eine tolle Idee!" etc.
  - Er würdigt die Schwierigkeit, die das Erreichte mit sich gebracht hat: „Das war aber nicht einfach", „Das hätte nicht jeder so leicht geschafft" etc.
  - Zum Schluss fragt er, wie B das schaffen konnte: „Auf welche Weise ist es dir gelungen? Wie bist du auf die Idee gekommen?"
- B nimmt die Anerkennung nicht an, sondern gibt sie weiter an eine andere Person, indem er berichtet, wer ihn dabei unterstützt oder auf die Idee gebracht hat: „Um ehrlich zu sein, habe ich es eigentlich nur geschafft, weil ich Hilfe bekommen habe von ..." etc.
- A kommt noch einmal auf die Leistung von B zurück und sagt ganz klar, dass ihm die Anerkennung zusteht: „Sei nicht so bescheiden, das hast du geschafft."
- B zeigt, dass er sich freut und stolz auf sich ist: „Danke!"

Nach dem ersten Durchgang wechseln A und B die Rollen.

Bitte überlegen Sie anschließend:
- Was ist in dieser Übung konkret passiert?
- Wie ging es Ihnen in Ihrer Rolle als A und als B?
- Was haben Sie gelernt?
- Was nehmen Sie davon mit in den Alltag?

Sagen Sie das nächste Mal, wenn Sie ein Kompliment oder ein Lob bekommen, einfach Dankeschön und freuen Sie sich darüber. Probieren Sie es einfach aus. Es ist anfangs vielleicht etwas ungewohnt, die eigenen Stärken so deutlich zu bejahen. Aber das Gefühl wird immer besser, und irgendwann freuen Sie sich ehrlich über das Kompliment und können es gut annehmen.

Feedback gibt Ihnen einerseits eine Rückmeldung, wie Ihr Verhalten auf andere wirkt, und andererseits sagt es immer etwas über die Wahrnehmung des Feedbackgebers aus. Sie erfahren so, wie der andere die Welt sieht, wie er sie bewertet und auch wie er mit unterschiedlichen Problemen umgeht. Lassen Sie grundsätzlich das Feedback erst einmal auf sich wirken und denken Sie darüber in Ruhe nach. Fragen Sie sich, was Sie daraus lernen könnten.

REGELN FÜR DEN FEEDBACKNEHMER

- Nehmen Sie nur Feedback an, wenn Sie es auch wirklich wollen.

- Hören Sie sich das Feedback zuerst kommentarlos an und lassen Sie es auf sich wirken.

- Bedanken Sie sich bei dem Feedbackgeber.

- Verteidigen Sie sich nicht und geben Sie kein Feedback auf Feedback. Machen Sie sich bewusst, dass es sich um die Wahrnehmung des Feedbackgebers handelt und als solche ihre Berechtigung hat.

- Wenn Sie etwas aus dem Feedback nicht verstanden haben, stellen Sie Fragen. Achten Sie darauf, dass die Fragen den anderen nicht in Rechtfertigungsdruck bringen. Es sollen nur Verständnisfragen sein.

- Vergleichen Sie die Wahrnehmung des anderen mit Ihrer Wahrnehmung.

7.4 STÄRKEN STÄRKEN

Wer nicht weiß, wie sein Verhalten ankommt, ob er gute Arbeit leistet, tappt allein im Dunkeln. Feedback hilft dabei, sich zu orientieren. In diesem Zusammenhang wird oft von Stärken stärken gesprochen. Eine Methode, die dafür geeignet ist, ist positives Feedback. Wenn Sie wissen, was Sie gut und zufriedenstellend machen, werden Sie das Verhalten automatisch verstärken.

Feedback trägt zum gegenseitigen Verständnis bei und hilft, Vertrauen aufzubauen und gleichzeitig die Ergebnisse zu verbessern. So ist es auch ein Instrument der Personalführung und Personalentwicklung und dient dazu, die Mitarbeiterinnen und Mitarbeiter zu motivieren.

Spontanes Feedback ist gut, besser ist es, wenn Raum für vorbereitetes und geplantes Feedback geschaffen werden kann. Je nachdem, welches Feedback und wem Sie Feedback geben möchten: Überlegen Sie gut, welches Ziel Sie damit verfolgen und welcher Rahmen dafür passend ist.

ZIELE DES GEPLANTEN FEEDBACKS

- Erfolge benennen und beurteilen

- Leistungen messen

- Leistungssteigerung fördern

- Gemeinsame Ziele definieren

- Anforderungen formulieren

- Kompetenzen stärken

- Missverständnisse und Konflikte klären

PRAXISBEISPIEL

Die Erzieherin möchte den Eltern von Linus eine positive Rückmeldung über den heutigen Tag geben. Ihr Ziel ist es, den Eltern das aktuelle Interesse und Thema des Kindes mitzuteilen und mit ihnen darüber kurz ins Gespräch zu kommen. Als Rahmen eignet sich hier ein Tür-und-Angelgespräch, wenn die Eltern beim Abholen etwas Zeit haben.

Die Kollegin dagegen will mit den Eltern von Anna darüber reden, wie sie die Entwicklung des Kindes sieht und was aus ihrer Sicht gut wäre, um Anna noch besser zu unterstützen. Hier empfiehlt sich als Rahmen ein Gesprächstermin in einem ungestörten Raum.

Feedback kann und sollte auch aktiv eingefordert werden, wenn man nicht länger im Dunkeln tappen möchte. Sonst kommen Sie vielleicht in Versuchung, die Dinge nur mehr nach Gefühl zu beurteilen. Diese emotionalen Eindrücke können zwar stimmen, aber auch täuschen. Viel sicherer ist es, sich Rückmeldung einzuholen, damit Sie gezielt Ihre Arbeit optimieren können. Holen Sie sich aktiv Feedback ein – von:
- den Kindern
- den Eltern
- der Leitung

- den Kolleginnen und Kollegen
- dem Träger
- Kooperationspartnern

Positive Rückmeldung im Team

Am Ende einer Teamsitzung kann ein sogenanntes Blitzlicht dazu dienen, die positiven Aspekte des Treffens zu erinnern und festzuhalten. Wenn alle wissen, was für die anderen gut ist, werden sich diese positiven Momente fast automatisch verstärken. Die Blitzlichtfrage lautet: Das hat mir heute besonders gut gefallen, weil ...

Es hat sich bewährt, dass Teams ein Thema des Monats wählen, an dem sie gezielt arbeiten, um ihre Kompetenzen zu erweitern. So ist gerade das Thema Kommunikation immer wieder ein wichtiger Baustein des Erfolgs. Da Kommunikation ein sehr weites Feld ist, wird ein bestimmtes Unterthema (Ich-Botschaften, aktives Zuhören etc.) gewählt, auf das das Team einen Monat lang seinen Fokus richtet. Das Thema wird für alle gut sichtbar platziert, um durch die visuelle Stütze daran erinnert zu werden.

Regelmäßig werden dann im Team die Erfahrungen und Fortschritte besprochen. Dabei erhalten alle Beteiligten drei Murmelsteine. Möchte ein Teammitglied einem anderen eine positive Rückmeldung geben, wird ein Murmelstein abgegeben. Diese Methode soll die grundsätzliche Bereitschaft zum positiven Feedback erhöhen und etablieren. Es geht darum, eine bewusste und achtsame Aufmerksamkeit gegenüber Positivem einzuüben.

Positive Rückmeldungen an die Eltern

Eltern bekommen viel unterschiedliches Feedback zu ihren Kindern und zu der Art und Weise, wie sie ihre Kinder erziehen. Erfahrungsgemäß sind jedoch im stressigen Alltag die wenigsten Rückmeldungen positiv. Gerade weil Eltern zu Ihnen als pädagogische Fachkräfte Vertrauen haben und der Kontakt niedrigschwellig ist, ist Ihr positives Feedback für die Mütter und Väter sehr wichtig. Die positive Rückmeldung gibt den Eltern Sicherheit, stärkt sie und somit auch das Kind und eröffnet ihnen gute Anhaltspunkte für die Bildung und Erziehung ihrer Kinder.

Bitte überlegen Sie:

- In welchem Rahmen sind positive Rückmeldungen an die Eltern am besten möglich?
- Welche Inhalte eignen sich für eine positive Rückmeldung an die Eltern?
- Welche Stärken haben die einzelnen Kinder?
- Welche Stärken haben ihre Eltern, und wie bringen Sie diese in Erfahrung?
- Wie werden die Stärken der Eltern in die Kita-Arbeit eingebracht?
- Wie holen Sie regelmäßig Feedback von den Eltern ein?

Beantworten Sie diese Fragen erst jeder für sich, dann gemeinsam im Team, und gehen Sie anschließend miteinander ins Gespräch: Was müsste sich aufgrund Ihrer Antworten in der Kita im Hinblick auf das Feedback an und von Eltern ändern? Machen Sie gemeinsam einen Plan.

Positive Rückmeldung an die Kinder

Für die Kinder ist eine positive Rückmeldung sehr wichtig, da sie erst lernen, sich zu orientieren und ihrer Stärken bewusst zu werden. Durch Ihr positives Feedback fördern sie die Selbstwahrnehmung der Kinder und unterstützen ihre Resilienz. Gerade bei Kindern, die öfter im Alltag negativ auffallen, fällt die positive Rückmeldung in aller Regel zu gering aus. Damit die negative Wahrnehmung nicht überhandnimmt, können Sie den positiven Blick durch folgende Fragen stärken:

- Was ist dem Kind heute gut gelungen?
- Womit hat das Kind heute vertieft gespielt?
- Was hat mich heute bei dem Kind positiv überrascht?
- Welche Probleme hat das Kind heute gelöst?
- Wo hat das Kind heute Verantwortung für sich oder für andere übernommen?

Sie können diese Fragen auch gut sichtbar, zum Beispiel auf einem Plakat im Gruppenraum, aufhängen, damit Sie sie immer wieder lesen können und üben, Ihren Fokus auf Positives zu richten.

Bitte überlegen Sie:

- Wie stellen Sie sicher, dass die Kinder regelmäßig von Ihnen positive Rückmeldungen über ihre Stärken bekommen?
- Was können Sie zusätzlich tun, um den Kindern positives Feedback zu geben?
- Wie holen Sie sich Feedback von den Kindern ein?
- Was tun Sie konkret, um das Feedback der Kinder umzusetzen?

Beantworten Sie die Fragen erst für sich allein, dann gemeinsam im Team, und gehen Sie anschließend miteinander ins Gespräch: Was müsste sich aufgrund Ihrer Antworten in der Kita im Hinblick auf das Feedback an und von den Kindern ändern? Machen Sie gemeinsam einen Plan.

FEEDBACK AUF EINEN BLICK

- Wählen Sie den richtigen Zeitpunkt für Feedback

- Feedback gibt die Wahrnehmung des Feedbackgebers wieder

- Ich-Botschaften formulieren

- Feedback ist beschreibend und nicht bewertend

- Konkrete Tipps geben

- Perspektiven aufzeigen

- Keine Verallgemeinerungen

8 Grundhaltung: Gewaltfreie Kommunikation

Die Gewaltfreie Kommunikation (GFK) ist ein Konzept, das von dem amerikanischen Psychologen Marshall B. Rosenberg (1934–2015) entwickelt wurde. Sein Ziel war es, zu erforschen, was Menschen die Kraft gibt, die Verbindung zu ihrer einfühlsamen Natur aufrechtzuerhalten – selbst unter schwierigsten Bedingungen. Rosenberg geht davon aus, dass die Form, in der Menschen miteinander kommunizieren, einen großen Einfluss darauf hat, ob sie Empathie für ihr Gegenüber entwickeln und ihre Bedürfnisse erfüllen können.

Die GFK ist sowohl bei der Kommunikation im Alltag als auch bei Konfliktlösungen im beruflichen und persönlichen Bereich hilfreich. In erster Linie geht es darum, eine wertschätzende Beziehung zum anderen zu entwickeln, die die Kooperation und das gemeinsame Wirken der Menschen zum Ziel hat. In dem Zusammenhang wird auch oft von einfühlsamer Kommunikation, verbindender Kommunikation oder der Sprache des Herzens gesprochen. Diese Art der Kommunikation unterstützt, mit sich selbst in Verbindung zu kommen und eine einfühlsame Verbindung zum anderen herzustellen. Es handelt sich mehr um eine Grundhaltung als um eine Kommunikationstechnik.

Als Grundannahme der GFK gilt, dass Menschen generell das Ziel haben, ihre Bedürfnisse durch ihr Handeln zu erfüllen. Dabei wählen Sie die bestmögliche Strategie/ Handlung, die ihnen in dem Moment zur Verfügung steht. Missverständnisse und Konflikte entstehen so durch die gewählte Strategie, mit der jemand sein Bedürfnis zu erfüllen versucht, und nicht durch das Bedürfnis selbst.

Die vierjährige Lisa ist ein eher zurückgezogenes Kind und hat, bist auf ihre Freundin Marie, kaum Spielgefährten. Marie, ebenfalls vier Jahre alt, ist ein aufgewecktes und beliebtes Kind und hat zu ganz vielen Kindern Kontakt.

Als Lisa in den Kindergarten kommt, spielt Marie vertieft in der Bauecke mit Peter. Lisa geht auch in die Bauecke und macht sich bemerkbar. Doch Marie beachtet sie nicht, weil sie gerade einen großen Turm baut. Lisa fängt an, lauter zu sprechen. Marie baut weiter, und Peter hilft ihr dabei. Da geht Lisa auf den Turm zu und schmeißt ihn um. Marie und Peter ärgern sich und schimpfen mit Lisa.

Welches Bedürfnis hat Lisa in unserem Beispiel? Wahrscheinlich ist es der Wunsch nach Aufmerksamkeit, Freundschaft und Zugehörigkeit – ein wichtiges menschliches Anliegen. Um ihr Bedürfnis zu erfüllen, ist für Lisa im Moment die beste Strategie, den Turm umzuwerfen. Das führt mit großer Wahrscheinlichkeit zu Aufmerksamkeit. Und genau darüber ärgern sich Marie und Peter: nicht über das Bedürfnis, sondern über die Strategie.

Im Rahmen der GFK steht deswegen nicht die Strategie, das Verhalten im Vordergrund, sondern es wird versucht, das Bedürfnis dahinter in Erfahrung zu bringen. Werden Bedürfnisse erkannt, kann eine Strategie gewählt werden, mit der alle einverstanden sind und keinem Schaden zugefügt wird. Bedürfnisse verbinden Menschen und sind universell, während Strategien und Verhaltensweisen Menschen oft trennen. Die GFK unterstützt dabei, sich ehrlich und klar auszudrücken sowie einfühlsam zuzuhören. Da die GFK nicht als Technik zu sehen ist, sondern vielmehr eine Grundhaltung verkörpert, werden Sie viele Parallelen zur wertschätzenden und dialogischen Haltung (siehe Kapitel 4) erkennen.

8.1 VIER SCHRITTE DER GEWALTFREIEN KOMMUNIKATION

Der Prozess der Gewaltfreien Kommunikation gliedert sich in vier Schritte:

1. Beobachtungen mitteilen, konkrete Situationen und Handlungen benennen – ohne eine Bewertung und/oder Interpretation

2. Gefühle ausdrücken, die in Verbindung mit der Beobachtung entstehen

3. Bedürfnisse ausdrücken, die mit den Gefühlen in Verbindung stehen

4. Bitte um konkrete Handlungen formulieren, die aus dem Bedürfnis hervorgeht

Bei der Gewaltfreien Kommunikation geht es darum, sich mithilfe der vier Schritte zum einem ehrlich und klar auszudrücken und zum anderen empathisch zuzuhören. GFK fordert intensives Zuhören, Respekt und Empathie und fördert die Qualität der zwischenmenschlichen Beziehungen.

Schritt 1: Wertfreie Beobachtung

Bei der Beobachtung geht es darum, eine konkrete Handlung, die Sie erleben, zu beschreiben. Ausschlaggebend ist es, nicht zu werten, zu urteilen und zu interpretieren. Es geht also darum, Beobachtung und Bewertung nicht zu vermischen. Diesen Vorgang der wertfreien Beobachtung kennen Sie aus der freien Bildungsbeobachtung der Kinder, die ein Teil Ihrer Arbeit ist.

Bei der Beschreibung des Beobachteten sollten Sie sich auch vor Verallgemeinerungen (siehe dazu auch Seite 58) hüten, die zum Beispiel mit den Begriffen immer, nie, jedes Mal ausgedrückt werden:

- Jedes Mal kommst du zu spät.
- Nie kümmerst du dich um mich.
- Immer bricht das Kind die Regeln.

ÜBUNG

Welche der folgenden Sätze drücken eine Beobachtung und welche eine Bewertung aus? Bitte kreuzen Sie in der Tabelle die Ihrer Meinung nach richtige Zuordnung an, um ein Gefühl für den Unterschied zwischen Beobachtung und Bewertung zu bekommen:

1. Paula hat sich gestern unmöglich verhalten.

2. Die Leitung hat mir letzte Woche nach drei Monaten den Arbeitsvertrag ausgehändigt.

3. Wir sind ein gutes Team.

4. Die Eltern übernehmen alles für die Kinder.

5. Die Kinder sind respektlos.

6. Frau Müller war gestern da und hat mir erzählt, dass Linda seit zwei Wochen keine Nacht durchgeschlafen und Alpträume hat. Sie macht sich große Sorgen.

7. Die letzten zwei Wochen hast du den Frühdienst gemacht und ich den Spätdienst. Ich würde gerne tauschen.

8. Die Zahl der Eltern, die sich als Helfer für das Sommerfest eingetragen haben, ist in den letzten fünf Jahren um etwa 50 Prozent gesunken.

	Beobachtung	Bewertung
1		
2		
3		
4		
5		
6		
7		
8		

ÜBUNG

Erinnern Sie sich an eine Situation aus dem Arbeitsalltag, in der Sie das Gefühl hatten, Ihr Bedürfnis wird entweder gar nicht erfüllt oder nicht ausreichend? Welche Strategien haben Sie angewendet, um ihr Bedürfnis letztendlich doch zu erfüllen? Bitte beschreiben Sie diese Situation als wertfreie Beobachtung.

Schritt 2: Gefühle ausdrücken

Die Beobachtung (siehe Schritt 1) löst ein Gefühl aus. Das ist nun der zweite Schritt im Grundmodell der GFK: Wie können Sie Ihre Gefühle authentisch wahrnehmen und auch ausdrücken?

Es ist weit verbreitet, dass „man" nicht über Gefühle spricht, zum Teil wird dies als Schwäche angesehen. Und da Menschen nicht schwach sein wollen, vermeiden Sie es, ihre Gefühle zu thematisieren.

Bitte überlegen Sie:
- Wie war es früher in Ihrer Familie? Wurde offen über Gefühle gesprochen?
- Wie ist es heute? Mit wem sprechen Sie über Ihre Gefühle, mit wem nicht?

Es gibt bestimmte Wörter, die dem Ausdrücken von Gefühlen entgegenstehen (Rosenberg 2016, S. 51 f.). Diese Begriffe beschreiben nämlich nicht das Gefühl, das die Person empfindet, sondern sie beschreiben, was sie denkt. In den folgenden Beispielen könnte deswegen der erste Teil des Satzes plausibel durch „Ich denke" ausgetauscht werden:

WIE SIE KEINE GEFÜHLE AUSDRÜCKEN…

Wörter wie dass, wie, als ob

- Ich fühle mich, als ob ich du nie Zeit für mich hättest.

- Ich habe das Gefühl, dass ich alles selbst machen muss.

- Ich fühle mich wie dein Dienstmädchen.

Die persönlichen Pronomen ich, du, er, sie, wir, ihr, sie

- Ich habe das Gefühl, es wird nichts.

- Ich habe das Gefühl, ich bin unfähig dazu.

- Ich habe das Gefühl, wir schaffen es nicht.

Substantive, die sich als Sammelbegriffe auf Menschen beziehen

● Ich habe das Gefühl, die Eltern interessieren sich immer weniger für den Kindergarten.

● Ich habe das Gefühl, dass die Geschäftsführung alles bestimmt.

● Ich habe das Gefühl, dass die Kinder nichts mehr alleine machen müssen.

Verben, die sich auf ein Gefühl beziehen

● Ich fühle mich nicht verstanden.

● Ich fühle mich im Stich gelassen.

● Ich fühle mich belogen.

- -

Im Übrigen: Wenn Sie sagen, ich fühle mich gut oder schlecht, ist das kein Gefühl. Es ist eine positive oder negative Bewertung eines Gefühls, das nicht zum Ausdruck gebracht wurde.

ÜBUNG

Erinnern Sie sich an die Arbeitssituation, die Sie in einer der letzten Übungen wertfrei beschrieben haben (siehe Seite 83), und gehen Sie einen Schritt weiter: Beschreiben Sie das Gefühl, das Sie in der Situation empfunden haben.

WORTBEISPIELE FÜR NICHT-GEFÜHLE

(Rosenberg 2016, S. 53)

angegriffen, herabgesetzt, nicht wertgeschätzt, hintergangen, niedergemacht, provoziert, übergangen, unter Druck gesetzt, zurückgewiesen, verlassen, nicht respektiert, bevormundet, nicht gesehen, nicht unterstützt, manipuliert, vernachlässigt, nicht ernst genommen, nicht beachtet, missverstanden, eingeengt, eingeschüchtert, gestört etc.

WORTBEISPIELE FÜR GEFÜHLE, WENN SICH IHRE BEDÜRFNISSE ERFÜLLEN

(Rosenberg 2016, S. 54)

fasziniert, motiviert, mutig, freundlich, friedlich, aufgeregt, ausgeglichen, ruhig, begeistert, selbstsicher, sicher, glücklich, hocherfreut, überrascht, überwältigt, entspannt, verliebt, zufrieden, zuversichtlich, mit Liebe erfüllt, kraftvoll, ergriffen, entschlossen etc.

WORTBEISPIELE FÜR GEFÜHLE, WENN SICH IHRE BEDÜRFNISSE NICHT ERFÜLLEN

(Rosenberg 2016, S. 55)

ängstlich, schüchtern, ärgerlich, frustriert, schockiert, schwer, angeekelt, gehemmt, sorgenvoll, angespannt, geladen, gelähmt, gelangweilt, traurig, aufgeregt, genervt, bedrückt, hilflos, besorgt, ungeduldig, betroffen, unwohl, unzufrieden, verletzt, verzweifelt, wütend, sauer, zornig, erschüttert, erschöpft, erschlagen, empört, deprimiert etc.

- -

Schritt 3: Bedürfnisse ausdrücken

Die Beobachtung (Schritt 1) löst ein Gefühl aus (Schritt 2). Und dieses Gefühl steht mit einem oder mehreren Bedürfnissen in Verbindung (Schritt 3).

PRAXISBEISPIEL

Mia sagt zu ihrem Freund Paul: „Du bist der unaufrichtigste Mensch, der mir jemals begegnet ist." Nach Rosenberg (2016) hat Paul nun vier Möglichkeiten, wie er darauf reagieren kann:

1. Sich selbst die Schuld geben: „Oh, das tut mir leid, ich hätte offener sein sollen."

2. Dem anderen die Schuld geben: „Du kannst so nicht mit mir reden. Ich war immer aufrichtig zu dir. Du bist diejenige, die hier unaufrichtig ist."

3. Seine eigenen Gefühle und Bedürfnisse wahrnehmen: „Wenn du mich als unaufrichtig bezeichnest, fühle ich mich verletzt, weil mein Anliegen ist, dass du meine Bemühungen, dir gegenüber aufrichtig zu sein, siehst."

4. Die Gefühle und Bedürfnisse des anderen wahrnehmen: „Bist du verärgert, weil du von mir gerne mehr Informationen gehabt hättest?"

Die ersten beiden Antworten sind ungünstig und trennen die Gesprächspartner voneinander. Paul ist hier nicht in Verbindung mit sich selbst und auch nicht in Verbindung mit Mia.

Es empfiehlt sich, zuerst auf den anderen einzugehen (Antwort 4) und sich gleichzeitig der eigenen Gefühle und Bedürfnisse bewusst zu sein (Antwort 3). Im Sinne von: Erst verstehen und dann verstanden werden.

Die meisten von uns haben leider nicht gelernt, in Bedürfnissen zu denken. Wenn die eigenen Bedürfnisse nicht erfüllt werden, denken wir automatisch darüber nach, was die anderen falsch gemacht haben – und das ist fatal. Denn die anderen sind nicht dafür da, unsere Bedürfnisse zu erfüllen (Rosenberg 2016). Wenn Sie in Bedürfnissen denken und Ihre eigenen Bedürfnisse kennen und kommunizieren, erhöht sich jedoch die Wahrscheinlichkeit, dass diese auch erfüllt werden.

BEISPIELE FÜR MENSCHLICHE BEDÜRFNISSE

Anerkennung, Liebe, Zugehörigkeit, Ruhe, Aufmerksamkeit, Sicherheit, Respekt, Akzeptanz, Nähe, Geborgenheit, Verbindung, Vertrauen, Wärme, Ehrlichkeit, Erfolg, Unterstützung, Verlässlichkeit, Offenheit, Gleichwertigkeit, Wertschätzung, Ziele, Träume, Kreativität, Selbstwert, Gemeinschaft, Verständnis, Luft, Nahrung, Körperkontakt, Freude, Lachen, Inspiration, Frieden, Ordnung etc.

Erinnern Sie sich noch einmal an Ihre Arbeitssituation von vorhin (siehe Seite 85) und stellen Sie sich folgende Fragen:

- Welches Bedürfnis von Ihnen ist in der Situation zu kurz gekommen?
- Falls eine andere Person beteiligt war: Welches Bedürfnis dieser Person ist zu kurz gekommen?
- Was hätten Sie sich in dieser Situation gewünscht?
- Was hätte sich dadurch verändert, wäre Ihr Bedürfnis gestillt worden?

Schritt 4: Bitten positiv formulieren

Die Beobachtung (Schritt 1) löst ein Gefühl aus (Schritt 2), das mit einem oder mehreren Bedürfnissen in Verbindung steht (Schritt 3). Aus dem Bedürfnis geht schließlich eine Bitte um eine konkrete Handlung hervor (Schritt 4). Rosenberg (2016) plädiert dafür, dass Bitten in einer „positiven Handlungssprache" formuliert werden, indem Sie ganz konkret ausdrücken, was Sie sich wünschen, und nicht das, was Sie nicht wünschen. Eine Bitte sollte positiv und klar formuliert sein. Und achten Sie darauf, dass aus einer Bitte keine Forderung wird.

PRAXISBEISPIEL

Negativbeispiele

Erzieherin zu einem Kind: „Ich möchte nicht, dass du die ganze Zeit andere Kinder ärgerst!"
Leitung zur Erzieherin: „Ich möchte nicht, dass du noch einmal unpünktlich bist."
Erzieherin zu einer Mutter: „Ich möchte, dass Sie Laura keine Glasflaschen mehr in den Wald mitgeben."

Positivbeispiele

Erzieherin zu einem Kind: „Ich möchte, dass du deine Freunde darum bittest, wenn du etwas haben möchtest."
Leitung zur Erzieherin: „Würdest du dich bitte zukünftig an die vereinbarten Zeiten halten, damit wir mit der Teamsitzung pünktlich starten können."
Erzieherin zu einer Mutter: „Könnten Sie bitte Laura zukünftig aus Sicherheitsgründen für den Wald nur noch bruchsichere Flaschen mitgeben."

Die fünfjährige Lisa geht gerne in den Kindergarten. Ihr Vater ist voll berufstätig, und die Mutter arbeitet in Teilzeit. Lisa kommt in dieser Woche zum fünften Mal in Folge bereits um 7 Uhr als erstes Kind in die Kita. Drei Mal wurde das Mädchen als letzte abgeholt, zwei Mal sogar fünf Minuten nach der Kita-Abholzeit. Die Mutter bringt Lisa heute in den Kindergarten und Sie beschließen, mit ihr zu sprechen:

- Beschreiben Sie ganz konkret, was Sie beobachtet haben. Benennen Sie das Verhalten, ohne es mit einer Bewertung zu versehen.
- Welches Gefühl steht bei Ihnen mit der Beobachtung in Verbindung? Drücken Sie es in Worten aus.
- Welches Bedürfnis steht hinter dem Gefühl? Formulieren Sie Ihr Bedürfnis.
- Bitten Sie die Mutter um eine konkrete Handlung in einer „positiven Handlungs-sprache".

8.2 KOMMUNIKATIONSFALLEN AUF DIE SPUR KOMMEN

Rosenberg (2016) geht davon aus, dass Menschen generell eine einfühlsame Natur haben. Doch gibt es bestimmte Arten der Kommunikation, die die Menschen von dieser einfühlsamen Natur entfremden.

Moralische Urteile

Wer sich in der Kommunikation moralischer Urteile bedient, unterstellt dem anderen, dass er unrecht hat oder sogar „schlecht" ist. Es entsteht eine Überlegenheitssituation, in der diese Person vermeintlich „besser" ist als der andere, weil sie weiß, was moralisch richtig ist. Diese Art der Kommunikation wäre nach den Worten von Rosenberg die „Wolfssprache", im Gegensatz zur empathischen „Giraffensprache".

Es gibt unterschiedliche Formen von moralischen Urteilen, die sich zum Beispiel äußern in:

- Schuldzuweisungen und Beleidigungen
- Formen des „Niedermachens"
- Schubladendenken und -argumentieren
- Vergleichen und Diagnosen

WAS „WÖLFE" SAGEN

- Hör auf damit!

- Tu das nicht!

- Gib das auf!

- Du bist zu langsam!

- Du verstehst das sowieso nicht.

- Du bist rücksichtslos.

- Du hast ein Problem!

- Du kannst das nicht!

- Das ist falsch!

Manche Menschen lernen diese Art der Sprache bereits als Kinder: Es ist ein Kommunikationsverhalten, in dem das Fehlverhalten der anderen definiert wird. Wenn die Eltern ihr Kind nicht pünktlich abholen, sind sie unverantwortlich; wenn ein Kind einem widerspricht, ist es respektlos; wenn der Chef eine Aufgabe zuweist, die einem nicht gefällt, ist er gemein; wenn jemand auf der linken Spur auf der Autobahn in meinen Augen zu langsam fährt, ist er unfähig oder ein „Idiot".

Dabei fällt auf, dass Menschen häufig mit dem „Fehlverhalten" der anderen viel strenger umgehen als mit ihrem eigenen. Häufig führen wir das Fehlverhalten der anderen dann auch auf ihre Persönlichkeitsmerkmale zurück – und das bedeutet: Der Mensch als solches ist so (siehe Seite 46 f., das Verhalten von der Person trennen). Wenn wir uns dagegen ganz ähnlich verhalten, so begründen wir es mit der Situation, die es erfordert hat.

PRAXISBEISPIEL

Widerspricht ein Kind der Erzieherin und macht nicht das, was sie sagt, ist das Kind eben respektlos und auffällig. Widerspricht dieselbe Erzieherin ihrer Chefin, dann ist sie mutig und durchsetzungsstark.

Denken Sie an ein Kind in der Kita, das Sie besonders herausfordert, bei dem Sie Gefahr laufen, eines dieser moralischen Urteile anzuwenden. Überlegen Sie nun, welche positiven Bedeutungen das Verhalten des Kindes haben könnte. In welchen Situationen könnte es sogar richtig hilfreich sein?

Machen Sie die gleiche Übung am Beispiel des Verhaltens einer Mutter oder eines Vaters aus Ihrer Kita, einer Kollegin im Team und einer Person in Ihrem privaten Umfeld. Üben Sie, die Verhaltensweisen Ihrer Gegenüber in einem anderen Licht zu sehen. Das eröffnet Ihnen die Möglichkeit, sich mit den anderen zu verbinden.

Vergleiche anstellen

Eine weitere Form von Verurteilung ist das Anstellen von Vergleichen. Auch dieses Kommunikationsverhalten ist nach Rosenberg eine Art lebensentfremdender Kommunikation und verhindert eine echte Verbindung zwischen den Menschen.

Sicherlich hatten Sie schon zwei Geschwisterkinder in Ihrer Kita. Manchmal besuchen die Kinder gleichzeitig die Einrichtung, manchmal nacheinander.

- Wie haben Sie über die Kinder nachgedacht?
- Haben Sie eventuell Vergleiche zwischen den Kindern gezogen?
- Was war für die einzelnen Kinder jeweils wichtig?
- Welche Stärken haben die beiden Kinder?

Die Verantwortung nicht übernehmen

Zu den Formen lebensentfremdender Kommunikation, die der GFK entgegenwirken, gehört es auch, (sprachlich) die Verantwortung nicht zu übernehmen. Denken Sie kurz darüber nach, wie oft Menschen in Ihrer Umgebung das Wort „müssen" verwenden. Der Begriff „müssen" sagt aus, dass das, was jemand tut, nicht von ihm gewollt ist. Nach Rosenberg wird dadurch die Wahrnehmung persönlicher Verantwortung für die Handlungen verschleiert. Wenn jemand sagt „Ich muss das tun", gibt er zum Ausdruck, dass er keine Wahlmöglichkeit hat. Doch jeder hat die Wahl, etwas zu tun oder zu lassen. Der Einzelne ist nur manchmal nicht bereit, die Konsequenzen für sein Handeln zu übernehmen.

PRAXISBEISPIEL

Die Erzieherin, Frau König, sagt zu ihrer Familie am Frühstückstisch: „Ich muss jetzt arbeiten gehen." Warum muss sie arbeiten gehen? Frau König will arbeiten gehen, weil die Konsequenz, die daraus entsteht, wenn sie nicht arbeiten geht, ihr einfach nicht gefällt und sie diese nicht in Kauf nehmen will. Vielleicht möchte sie keinen Ärger mit der Leitung, vielleicht hat sie Angst vor einer Abmahnung oder sogar vor einer Kündigung. Trotzdem muss Sie nicht arbeiten gehen. Sie wählt frei, arbeiten zu gehen. Und sobald im Bewusstsein diese Wahlmöglichkeit vorhanden ist, handelt der Einzelne verantwortlich und fühlt sich verantwortlich.

Dann müsste der Satz von Frau König zum Beispiel heißen: „Ich gehe jetzt arbeiten, weil ich meine Stelle behalten, meiner Familie dadurch ein gutes Leben ermöglichen will." Die Begründung für die Handlung liegt hier in der Person selbst und in dem Bedürfnis danach, die Familie zu versorgen und die Arbeit zu behalten.

Oft schreiben wir unseren Handlungen Gründe zu, die im Außen liegen, und leugnen so die Verantwortung für unser Handeln. Das schwächt uns und vermittelt den Eindruck, dass wir keine Wahl haben und keine Veränderung herbeiführen können. Aus der Resilienzforschung ist bekannt, dass Handlungsfähigkeit ein wichtiges Kriterium ist, um psychische Widerstandsfähigkeit zu entwickeln (Fröhlich-Gildhoff, Dörner & Rönnau-Böse 2012). Wenn Menschen davon überzeugt sind, keine Veränderungen herbeiführen zu können, fühlen sie sich den Gegebenheiten ausgeliefert und fremdbestimmt. Das ist für Selbstkonzept und Selbstbewusstsein von großem Nachteil.

Émile Coué (1857–1926), ein französischer Apotheker sowie Begründer der modernen bewussten Autosuggestion, hat die Macht der Sprache und ihre Wirkung auf Menschen untersucht. Eigene Aussagen und Aussagen von anderen, die Sie immer wieder hören, haben Auswirkung auf Ihre Überzeugungen. Sie werden daran glauben und dementsprechend handeln. Wenn Sie immer wieder sagen „Ich muss...", dann glauben Sie, dass Sie es müssen, und werden es als gegeben nehmen. Sie hinterfragen die Situation nicht, und das Wort wirkt wie eine Autosuggestion (Coué 2013). Sprache schafft Bewusstsein und somit auch Wirklichkeit.

BEISPIELE FÜR SCHWÄCHENDE AUSSAGEN & ALTERNATIVE STÄRKENDE FORMULIERUNGEN

„Ich war einkaufen, weil ich es musste." → Wer sagt, dass Sie einkaufen gehen müssen? Wer entscheidet, ob Sie einkaufen gehen? Welche Mächte sind es, die die Macht über Sie und Ihr Handeln haben?
Alternative: Ich war einkaufen, weil ich nachher für meine Familie kochen möchte und noch Lebensmittel brauchte.

„Ich habe dem Kind ein Puppeneckeverbot erteilt, weil es sich nicht an die Regeln gehalten hat." → Hier ist die Handlung des Kindes die Rechtfertigung für das eigene Handeln und nicht die persönliche Entscheidung für das Puppeneckeverbot.
Alternative: Es ist mir wichtig, dass die Kinder sich in der Kita an Regeln halten und ein friedliches Miteinander möglich ist. Ich glaube, dass Puppeneckeverbot eine gute Möglichkeit ist, die Kinder wieder an die Regeln zu erinnern (auch wenn diese Argumentation nicht unbedingt die Meinung der Verfasserin wiedergibt...).

„Ich bin ins Kino gegangen, weil alle meine Freunde auch ins Kino gegangen sind." → Gruppendruck hat hier über Sie entschieden.
Alternative: Ich freue mich, mit meinen Freunden ins Kino zu gehen und den Abend mit ihnen zu verbringen.

„Ich habe das Treffen mit meiner Freundin abgesagt, weil mein Mann es nicht möchte." → Das Diktat durch jemanden anderen; oft werden Handlungen auch durch Autoritäten erklärt, die etwas vorgeben.
Alternative 1: Mir ist wichtig, dass ich die Zeit mit meinem Mann verbringe, wenn er zu Hause ist. Deswegen habe ich das Treffen mit meiner Freundin abgesagt.
Alternative 2: Weil ich kein Stress mit meinem Mann haben wollte, der wollte, dass ich daheim bin, habe ich das Treffen mit meiner Freundin abgesagt.

„Es ist mir so rausgerutscht, es musste mal gesagt werden." → Impulse, die anscheinend nicht kontrollierbar sind, sind verantwortlich für das Handeln.
Alternative: Ich habe mich so geärgert über die Aussage der Mutter, dass ich Dinge gesagt habe, die nicht in Ordnung waren.

„Man macht das so, das gehört sich so." → Wer sagt das? Vermeiden Sie das Wort „man", denn damit geben Sie die Verantwortung komplett ab.

ÜBUNG

Nehmen Sie sich Zeit für sich, machen Sie es sich bequem und legen Sie etwas zum Schreiben bereit. Gehen Sie in Gedanken einen normalen Arbeitstag durch und überlegen Sie: Wie sprechen Sie mit sich selbst und mit anderen?

- Welche Sätze wiederholen Sie regelmäßig?
- Welche Aussagen kommen immer wieder vor?
- Sind es Sätze, die Sie und die anderen eher stark machen, oder sind es Sätze, die eher schwächend wirken?
- Schreiben Sie die Sätze auf, die Sie immer wieder sagen.
- Wenn sie eine stärkende Wirkung haben, dann ist es schön. Fragen Sie sich, wie Sie noch häufiger die Macht der Sprache in Ihrem Alltag nutzen könnten.
- Haben die Sätze eine schwächende Wirkung, dann formulieren Sie diese um.

Literatur

Aronson, E.; Wilson, T. D. & Akert, R. M. (2004): Sozialpsychologie. München: Pearson Studium.

Bröder, M. (2014): Gesprächsführung in Kita und Kindergarten. Freiburg: Herder.

Coué, É. (2013): Self Mastery Through Conscious Autosuggestion. HardPress.

Covey, S. R. (2008): Der 8. Weg. Mit Effektivität zu wahrer Größe. Offenbach: Gabal.

Fröhlich-Gildhoff, K.; Dörner, T. & Rönnau-Böse, M. (2012): Prävention und Resilienz-förderung in Kindertageseinrichtungen – PRiK. Ein Förderprogramm. 2. Auflage. München: Ernst Reinhardt.

Rogers, R. C. (1983): Die klientenzentrierte Gesprächspsychotherapie. Client-Centered Therapy. Frankfurt am Main: Fischer.

Rosenberg, M. B. (2016): Gewaltfreie Kommunikation: Eine Sprache des Lebens. 12. über-arb. und erw. Auflage. Paderborn: Junfermann.

Rosenthal, R. & Jacobson, L. (1968): Pygmalion in the Classroom: Teacher Expectation and Pupils' Intellectual Development. New York: Crown House.

Roth, X. (2014): Handbuch Elternarbeit. Bildungs- und Erziehungspartnerschaft in der Kita. Freiburg: Herder.

Röhrig, P. (2016) (Hrsg.): Solution Tools. Die 60 besten, sofort einsetzbaren Workshop-Interventionen mit dem Solution Focus. Bonn: managerSeminare Verlags GmbH.

Scharlau, C. & Rossié, M. (2016): Gesprächstechniken. 3. Auflage. Freiburg: Haufe.

Schultz von Thun, F. (1997): Miteinander reden, Band 1: Störungen und Klärungen. Allge-meine Psychologie der Kommunikation. Reinbek: Rowohlt.

Strack, F.; Martin, L. L. & Stepper, S. (1988): Inhibiting and Facilitating Conditions of the Human Smile: A Nonobstrusive Test of the Facial Feedback Hypothesis. Journal of Personality and Social Psychology, 54 (5), 768–777.

Watzlawick, P.; Beavin, J. H. & Jackson, D. D. (2017): Menschliche Kommunikation. Formen, Störungen, Paradoxien. 13. unveränd. Auflage. Bern: Huber.

Weltzien, D. & Kebbe, A. (2011): Handbuch Gesprächsführung in der Kita. Freiburg: Herder.

Digitale Helfer für die Kita-Praxis

Michael Fink
So geht digital.
Websites, Tools und Apps, die den
Kita-Alltag leichter machen
80 Seiten | Kartoniert
ISBN 978-3-451-38262-8

Dieses Buch zeigt, wie Sie mit Hilfe von geeigneten digitalen Arbeitshilfen neue Praxis-Ideen entdecken, Termine mit Team und Eltern einfacher koordinieren; Projekte leichter dokumentieren und die eigene Arbeit mit wenig Zeitaufwand professionell präsentieren können. Es stellt (kostenfreie) Programme, Websites und Apps vor, die im pädagogischen Alltag besonders praktisch und empfehlenswert sind und erklärt ihre Anwendung.

HERDER